# Sprei jou
# Vlerke en Vlieg

SANNA VAN DER WALT

Teksverse en Bybelgedeeltes uit:
Die Bybel, Nuwe Lewende Vertaling in Afrikaans (2006), Christelike Uitgewersmaatskappy, Vereeniging.

ISBN: 978-1-77605-691-0

Taalversorging: Anine Vorster
Teksuitleg: Janet von Kleist-Klein
Omslagontwerp: Anita Stander

www.kwartspublishers.co.za
.

*Jy is uniek.*

*Daar is niemand soos jy nie*

*en God het jou lief net soos jy is.*

*Jy kan leef met die wete dat*

*Hy jou oneindig liefhet en jy is*

*in alles in staat deur*

*Christus wat jou krag gee.*

(Samevatting uit Filippense 4:13)

# 'n Woord van Dank

Dankie aan elkeen van my gesinslede wat deur alles daar is vir my. Dankie ook aan elkeen wat deel is van my lewe. Soms betree mense jou lewe slegs vir 'n kort rukkie, en soms bietjie langer, maar gedurende daardie gegewe tyd loop hul die pad saam met jou. So het elkeen wat my pad gekruis het my iets van myself geleer en my tot 'n beter mens gevorm. Ek hoop dat diegene wat my pad gekruis het ook iets geleer het wat hul saam op hul lewensreis kan neem en dat dit hul bemoedig en inspireer om groter hoogtes te bereik.

# INHOUD

| | | |
|---|---|---|
| Inleiding | | 1 |
| 1 | Vlieënde vaandels | 3 |
| 2 | Ons bestaan | 7 |
| 3 | Beheer en leiding | 13 |
| 4 | Skoonmaaktyd | 19 |
| 5 | Bon voyage | 25 |
| 6 | Bestemming met of sonder bagasie | 31 |
| 7 | Hou koers | 39 |
| 8 | Voeding en rus | 45 |
| 9 | Kommunikasie | 49 |
| 10 | Jy is op God se radar | 57 |
| 11 | Omvou deur Sy vlerke | 61 |
| 12 | Satan, die kaper | 65 |
| 13 | Die landingsproses | 71 |
| 14 | Lugleegtes en donderstorms | 79 |
| 15 | Die tuiskoms | 87 |
| 16 | Tandem | 91 |
| 17 | Herstelwerk | 97 |
| Slotgebed | | 105 |

# INLEIDING

Ons het elkeen 'n doel op hierdie aarde. Soms voel dit of ons van geen nut vir enige iemand is nie, maar dit is wonderlik om te weet dat ons alles vir God beteken. Hy wil vir ons net die beste gee, en om vrylik ons vlerke te kan sprei en vlieg en die lewe voluit leef, moet ons weer die Bybel lees. Om Sy plan vir jou te sien, moet jy weet hoe die aarde ontstaan het en hoekom God dit geskep het.

Daar word baie navorsing gedoen oor hoe die wêreld werklik ontstaan het. Tegnologie word selfs ingespan en daar is talle menings. Tog moes navorsers aan die einde erken dat dit net God se handewerk kan wees en dat niemand anders die skepping so volmaak kon skep soos Hy nie. God hou die skepping 24-uur per dag in stand en Hy word nooit moeg nie:

*"Hy is die Skepper van die hele aarde. Hy word nie moeg of gedaan nie" (Jesaja 40:28 Nuwe Lewende Vertaling – 2006).*

In Genesis 1 kan ons meer lees oor die skepping. Nadat God dit voltooi het, het Hy gesien dat dit goed was. Alles was in plek en Hy was tevrede. Hy het ook geweet dat Hy iemand nodig het om dit namens Hom te onderhou, en daarom het Hy dit goedgedink om die mens te skape.

Omdat God se skepping so volmaak was, moes die mens dieselfde gesindheid en verantwoordelikheid gehad het as God. Hoe anders sal ons sonder die nodige kennis en insig Sy skepping kon bestuur namens Hom?

> *"God sê toe: 'Laat Ons 'n mens maak wat met Ons*
> *ooreenstem om te heers oor die visse in die see, oor die*
> *voëls in die lug, oor die mak diere, oor die wilde diere,*
> *en oor alles wat op die aarde kruip'" (Genesis 1:26).*

Ons is die kroon van God se skepping, die doel waarom die mens geskape is. Ons moet na die skepping omsien en Hom daardeur verheerlik en Hom alleen aanbid en dien. Dit beteken dat ons dankbaar moet wees vir die lewe wat aan ons geskenk is. Ons moet ook ons medemens liefhê soos onsself, want elke mens is deel van God se skepping. Jesus het dit saamgevat soos volg:

> *"Jy moet die Here jou God liefhê met jou hele hart en met*
> *jou hele siel en met jou hele verstand. Dit is die eerste en*
> *belangrikste opdrag. Die tweede, ewe belangrike opdrag is jy*
> *moet jou naaste liefhê soos jouself" (Matteus 22:37 - 39).*

Hierdie is die rede waarom jy op die aarde is: Jy moet die skepping geniet, uitleef, waardeer en oppas soos God dit aan ons beskikbaar gestel het. Daarby moet jy jou medemens met liefde en respek behandel, want ons is een en dieselfde deur God gemaak. Dank Hom elke dag vir die pragtige skepping en die lewe wat Hy aan jou geskenk het, en verheerlik Hom so.

# 1 Vlieënde vaandels

As kinders het ons baie keer karton gebruik om aan ons arms te sit vir vlerke om sodoende te probeer vlieg. Speel-speel het ons vir ure rondgehardloop en "gevlieg", maar ons voete het egter nooit die grond verlaat nie. Sou jy graag wou vlieg en vry in die lug rondhang? Jy het ook seker al iemand hoor sê: "Ek wens ek kon vlieg en op 'n eiland gaan sit!" Voel ons nie almal soms so as alles net te veel vir ons raak nie?

In die natuur is daar verskeie vlieënde spesies soos voëls en insekte. Daar is egter in die natuur geen vorm van enige vlieënde gedierte of insek wat buite die atmosfeer kan beweeg soos in die geval van 'n ruimtetuig nie. Die ruimtetuig neem jou buite die atmosfeer en daarvandaan kan jy die heelal sien soos dit deur God geskape was. Dit is egter nie vir almal beskore om so vlug te onderneem nie, want dit is natuurlik baie duur. Wanneer ons in die aand na die sterre en maan kyk, sien ons reeds hoe wonderlik die samestelling van die skepping is.

Lees jy die Bybel met erns, sal jy agterkom dat alles wat jy wil weet daarin is om jou 'n reis na die ruimte te spaar. Ons lees onder andere hoe die hemelse liggame van mekaar verskil, hoe ons liggame verskil van die hemelse liggame en wys dit vir ons hoe uniek ons werklik is.

*"Die prag van die hemelliggame verskil van dié van aardse
liggame. Die stralende prag van die son verskil van dié van die
maan, en die sterre het weer hulle eie prag. Die een ster se prag
verskil ook weer van die ander een" (1 Korintiërs 15:40 – 41).*

Die mens het ook die kennis ontvang om selfgemaakte
vlieënde voorwerpe te ontwikkel soos onder andere vliegtuie,
helikopters, lugballonne, hommeltuie, ensovoorts, wat almal
in die hemelruim kan beweeg deur middel van afstands-
beheer of selfaangedrewe metodes. Met hierdie verwysing na
die voëls wil ek twee besondere voëls uitsonder om God se
versorging en liefde vir ons uit te beeld, naamlik die visarend
en die mossie.

Die visarend, wie se roep so uniek en pragtig is, is vir my
een van die mooiste voëls. Wat 'n ongelooflike magtige, maar
tog strelende klank wat die lugruim vul en van ver gehoor
kan word! Die visarend word meestal gehoor naby water en
het die mooiste kleure waarvan sy wit bors 'n kenmerk is en
nie misgekyk kan word nie. Die visarend vang prooi soos
visse en dassies. Wanneer die visarend sy prooi gaan jag,
vlieg dit rustig en geluidloos hoog in die lug terwyl sy skerp
oë die waters en omgewing bespied vir prooi. Skielik sal dit
neerduik en met sy kloue die niksvermoedende vis gryp en
uit die water lig. Die kloue van die visarend omvou die vis en
vlieg na 'n veilige area om dit daar te gaan vreet.

Net soos die niksvermoedende vis gevang word, so vang
Satan ons gereeld, want hy weet hoe spesiaal ons vir God is
en daarom is hy so listig en is ons gedurig in sy visier vir
verleiding. Onthou, Satan was ook eens 'n engel en deel van
God se hemelryk. Hy het later verwaand geraak en gedink
dat hy God kan onttroon en dit is waarom God hom uit die
hemel verban het. Daarom het Satan oorlog verklaar en wil

hy God wys dat hy ons van Hom kan vervreem. Jesus self het van Satan se val vertel:

*"Ek het Satan uit die hemel sien val soos*
*'n weerligstraal" (Lukas 10:18).*

Satan weet wanneer en waarvoor ons kwesbaar is en daarom vang hy ons gereeld in een van sy strikke en versoekings en word ons dan van stryk gebring en in sonde gedompel. Ons Hemelse Vader is egter alsiende en alwetend en is bewus van die Satan se aanvalle op ons.

Net soos 'n visarend sy prooi vanuit die lug in die water dophou, so waak God dag en nag oor ons. Hy weet wat die Satan beplan en hoe hy God se kinders wil verlei om weg te draai van Hom. Wanneer God dus sien dat een van Sy kinders 'n moeilike tyd beleef, duik Hy neer soos 'n visarend en vang ons in Sy arms vir beskutting en hou Hy ons veilig toegevou tot die gevaar weg is.

*"Van bo af het Hy Sy hand uitgestrek en my gegryp. Uit*
*diep waters het Hy my uitgetrek" (2 Samuel 22:17).*

So kry ons teenoor die arend die kleine mossie, wat so nietig en vaal lyk. Jy kry hulle veral waar mens in die natuur of eetplekke besig is om 'n ete te nuttig. Soos die krummels van die tafel val, pik hulle dit op. Mossies is van die makste voëltjies en soms is hulle nie eens meer bang vir mense nie. Al voel jy vandag of jy 'n kleine mossie is en met die krummels van die lewe tevrede moet wees, weet net dat die Here altyd sal voorsien, want jy is vir Hom belangriker as 'n mossie. Jesus self gebruik in een van Sy gelykenisse die mossie as 'n voorbeeld om ons te verseker dat Hy altyd sal voorsien en ons baie liefhet.

*"Julle weet dat twee mossies vir 'n skamele sent verkoop word.*
*Tog beland nie een van hulle hulpeloos op die grond sonder dat*
*julle Vader daarvan weet nie. Wees daarom nie bang nie. Julle*
*is vir Hom meer werd as baie mossies" (Matteus 10:29; 31).*

Hierdie verwysings gee ons 'n kort oorsig van verskillende vorms van vlieg en hoe dit ons lewens raak, en om dus by die werklike boodskap van hierdie boek uit te kom, gebruik ek die vliegtuig metafories om die mens se lewe voor te stel. Die beskrywing van die vliegtuig word weergegee vanaf die ontwerp daarvan (wat ons lewe voor ons geboorte aandui) tot die finale vlug voor die vaartuig onbruikbaar bevind word (ons afsterwe). Voor ons die reis onderneem, haal ek eers vir Jakob aan:

*"As U, O God, by my sal wees, my op hierdie reis sal beskerm*
*en vir my kos en klere gee, sodat ek weer veilig terugkom by*
*my ouerhuis, sal U, Here, my God wees" (Genesis 28:20 - 21).*

So bid ek dat elkeen wat hierdie reis saam my onderneem, sal besef hoe kosbaar ons vir die Here is en Hom weereens as ons God sal aanvaar en saam met Hom ons lewensreis sal onderneem en voltooi. Sit agteroor en kom geniet die vlug saam my.

## 2    Ons bestaan

Wanneer ons terugkyk in die geskiedenis van die ontstaan van die vliegtuig, sal ons agterkom dat daar baie navorsing en probeerslae was voor daar uiteindelik 'n suksesvolle poging was. Soos die vliegtuig uit verskillende komponente (romp, vlerke, wiele, ensovoorts) saamgestel is, is die mens ook uit basiese komponente saamgestel en na God se beeld geskape. In Genesis 1:26 kry ons 'n duidelike beskrywing: God het dit goedgedink om die mens te maak volgens Sy beeld; 'n afbeelding wat van Hom moes wees (samevatting). Dawid beskryf hoe God ons as mens geskape het:

> "U het hom 'n bietjie minder gemaak as Hemelse wesens,
> en hom gekroon met roem en eer" (Psalm 8:6).

Ons as mense is dus van vlees en bloed:

> "Omdat hierdie 'kinders' mense van vlees en bloed is, het Jesus
> ook ten volle mens net soos hulle geword" (Hebreërs 2:14).

'n Vliegtuig bestaan uit verskeie metale en instrumente, maar God het ons gevorm uit stof, en Sy asem in ons geblaas sodat ons kan lewe. Ons besef nie elke dag hoe wonderlik dit is om God se asem in ons te hê nie. Dit is 'n asem wat lewe gee en 'n wonderlike voorreg wat God aan ons spesiaal geskenk het. Geen dier of enige ander lewende wese het God se asem in hulle nie. Ons is uitsonderlik en met 'n doel geskape. Verder is ons liggaam beklee met vleis en vel en ons bene is met senings aanmekaargeheg.

Alles is perfek saamgestel en het elkeen 'n funksie om beweging ensovoorts te kan bewerkstellig en sodoende funksioneer ons. Job het ook die waarde van die lewe besef gedurende sy tyd op die ashoop:

*"Ons is lewe gegee en aan ons is Sy onfeilbare*
*liefde bewys" (aangepas uit Job 10:10 - 12).*

So het God ons dus almal geskep met die basiese komponente wat ons as mens klassifiseer. Ons is almal dieselfde, ongeag van ons velkleur. Hy het elkeen van ons spesiaal gevorm en saamgestel. Nie een mens is beter as 'n ander nie; ons is met dieselfde asem lewe gegee en so moet ons mekaar met liefde en respek behandel.

'n Vliegtuig word nie net oornag gebou nie en daar gaan baie beplanning in voor dit selfs ontwerp word. Wanneer daar besluit word om 'n vliegtuig te bou, word argitekte, tekenaars, ontwerpers, ingenieurs, ensovoorts ingespan om te bepaal watter tipe vliegtuig gebou moet word en vir watter doel. Dit is dus 'n hele span kundiges wat moet saamwerk om die vaartuig te voltooi. God het ons egter alleen, sonder kenners, spesifikasies of versoeke gemaak.

*"Wie weet genoeg om Hom raad te gee? Het die Here al*
*ooit raad van ander nodig gehad?" (Jesaja 40:13 - 14)*

Hy het dit alles uit Sy eie gedoen. Sy hande het elkeen van ons gemaak.

*"U het my met u hande gevorm. U het my gemaak" (Job 10:8).*

Stel jou God se trots voor toe Hy met 'n glimlag op Sy gesig, 'n prentjie in Sy kop en liefde in Sy hart ons elkeen kunstig saamgestel het. Wat so wonderlik is, is dat God se beplanning vir ons volmaak is – ver bo dié van die intelligente mense wat hierdie wonderlike vaartuie ontwerp en gebou het. En van die mens se skepping, tot die dag wat sy of haar laaste taak op aarde voltooi is, het Hy alles haarfyn beplan.

Vliegtuie word in 'n vliegtuigloods gebou om dit te beskerm teen wind, weer of enige ander skade. Soos die vliegtuigloods gebruik word vir die bou en samestelling van die vliegtuig, só gebruik die Here die baarmoeder van die moeder om die klein mensie te dra en te beskerm:

*"U het my ontvangenis begelei en my in die*
*baarmoeder gevorm" (Job 10:10).*

Dit is net God wat dit moontlik maak om 'n mens te skep uit 'n eiersel en die eier te laat ontwikkel tot 'n embrio en dan 'n fetus. Die fetus groei tot 'n volmaakte mensie en word dan as baba gebore. Hoe wonderlik is dit nie om te sien hoe God alles haarfyn beplan en weet watter dele van ons liggame net vir vroue bedoel is en watter vir mans nie! Hy het ook geweet watter geslag die baba moet wees en daarom het Hy die vrou spesiale eienskappe gegee wat net aan 'n moeder behoort.

Dit is wonderlik om deur middel van tegnologie te kan sien hoe 'n kleinding vorm aanneem in die baarmoeder. Sodra die fetus groter word, kan selfs bewegings gesien word. Daar is ook voorsiening gemaak om deur middel van die naelstring suurstof en voeding te verkry. Ouers kan ook op 'n stadium die geslag van die baba uitvind. Daar is ook tegnologie soos 4D-skanderings beskikbaar om 'n idee te kry van hoe 'n baba gaan lyk na geboorte. Dit is 'n redelike akkurate aanduiding. Sodra 'n baba gebore is, sal 'n naam aan hom of haar gegee word wat hy of sy hul lewe lank sal dra.

Enige iemand wat jou ontmoet sal jou by jou naam ken en jou so noem. Dit is jou identiteit. God het geweet wat ons name gaan wees nog voor ons ouers eers aan ons bestaan gedink het. So roep Hy elkeen van ons by ons naam as Hy met ons praat. My hart raak sommer warm as ek dink dat God heeltyd van my bewus is. Hy kyk elke oomblik met liefde neer na my en jou. Sodra jy die lewenslig aanskou sal jou aardse lewe begin, en jy kan treetjie vir treetjie so ook jou lewensvlug aanpak.

Dieselfde geld vir 'n vliegtuig. As die konstruksie van die vaartuig voltooi is, sal die besonderhede van aan wie dit behoort daarop geverf word. Die land van herkoms se vlag sal ook op die agtervlerk aangedui word. Dit beteken dat die vliegtuig van daardie land afkomstig is, en waar dit ook al vlieg of wat ook al van dit word sal terugverwys na die land van herkoms. Die tipe model, byvoorbeeld 'n Boeing 747, sal ook deur die maatskappy wat dit vervaardig het, bemark word. Die bemarking sal klem lê op die vaardighede van die spesifieke vliegtuig om verkope te bevorder. Ons het ook elkeen ons eie spesifieke eienskappe en vaardighede en daarom moet ons onsself nie meet aan ander nie. Jy is gemerk as God se eiendom omdat Jesus vir ons gesterf het.

*"Deur wat Christus gedoen het, het ook julle die waarheid gehoor, die Goeie Nuus waardeur julle verlos word. Op grond van wat Christus gedoen het, is julle, toe julle tot*

*geloof gekom het, tot God se eiendom gemerk deur die*
*Heilige Gees wat God belowe het" (Efesiërs 1:13).*

Hieraan sal ons uitgeken word as kinders van God en daarom moet ons lewens só wees dat ons lewenstyl die bemarkingswerk vir die Woord van God sal vertoon. Onsself moet ook bemarkers vir Sy Woord wees deur dit te verkondig sodat ander dit ook kan hoor en tot bekering kom en deel kan hê aan die ewigheid.

Soos die vliegtuig op die einde aan die eienaars oorhandig word, sal God ons met geboorte aan ons aardse ouers gee. Soms gebeur dit dat die Here jou as baba vir ander ouers gee en nie jou biologiese ouers nie. Dit maak jou nie anders as ander nie, maar God weet watter ouers ons na Sy wil sal opvoed en leiding sal gee sodat ek en jy weet wie Hy is. Sodoende sal ons Sy wil op aarde uitleef deur die leiding van die Heilige Gees. Dit is ook jou aardse ouers aan wie jy geskenk is se taak om jou op te voed volgens God se Woord. Dit was ook 'n opdrag wat God aan Moses gegee het om te sorg dat elke nageslag weet wat God gedoen het vir Israel om hulle te verlos van die farao. Ons moet daarmee volhou hoe God deur die jare Sy goedheid en guns gee aan mense.

*"Hierdie dag moet altyd gevier word. Dit is 'n spesiale*
*feesdag van die Here wanneer julle nageslag moet*
*onthou wat Hy gedoen het" (Eksodus 12:14).*

Ons ouers se plig is om ons die weg aan te wys en gereeld vir ons te bid en in te tree met gebed. Kinders besef nie altyd hoeveel hul ouers vir hul bid nie. Onthou, jou ouers kan jou na die beste van hulle vermoë opvoed en van God leer, maar dit is jou eie keuse om God te volg. Jou ouers kan nie verantwoordelik gehou word vir wat jy met jou lewe maak nie; dit was keuses wat jy self geneem het, goed of sleg, maar hulle sal altyd daar vir jou wees om jou soos die verlore seun terug te verwelkom en op te help.

God het selfs al voor jou geboorte jou lewenspad vir jou uitgelê en jy is met 'n doel op die aarde geplaas. Moet nooit dink dat jy niks werd is nie; jy is baie meer werd as wat jy besef en God het jou oneindig lief, maak nie saak of jou aardse ouers en die wêreld jou versaak of verlaat nie, Hy is daar vir jou, net 'n gebed ver.

> *"Ek sal jou nie los nie. Ek sal jou nie in die*
> *steek laat nie" (Hebreërs 13:5).*

Die Here is trots op elkeen van ons en Hy kry nooit skaam om te sê dat ons Sy kinders is nie. Daarom moet ons ook nie skaam wees om Hom te ken en almal van Sy goedheid te vertel nie. Soos die eienaars van die lugrederye hulle produkte ten toon stel, só stel God jou ten toon aan die wêreld met trots en 'n sagtheid en baie liefde in Sy oë.

Wanneer 'n vliegtuig getoets word om seker te maak dat dit aan al die veiligheidsvereistes voldoen, word dit deur verskillende toetse gesit. Ons word ook getoets deur verskeie situasies en omstandighede in ons lewe, en dit is om ons geloof te versterk en ons ook sterker en meer vrugbaar vir die diens van die Here te maak. Sodra ons die toets deurstaan het, sal ons bevorder word tot 'n volgende vlak totdat ons gelouter en gevorm is na Sy beeld om dan ook uiteindelik vir ewig by ons Hemelse Vader te wees.

> *"Beproewing sal die soutkarakter van julle lewe versterk.*
> *Sout doen goeie werk. Maar as dit sy krag verloor het,*
> *hoe sal dit weer sout kan maak? (Markus 9:49 – 50).*

# 3 Beheer en leiding

'n Vliegtuig kan nie sonder 'n vlieënier aangedryf word nie. Hierdie persoon sal 'n uitgebreide vliegkursus moet voltooi om 'n sekere tipe vliegtuig te kan vlieg. Tydens hierdie opleiding moet 'n ervare vlieënier (instrukteur) die leerling bystaan en leiding verskaf. Daar word van die leerlingvlieënier verwag om 'n sekere aantal vlugure te vlieg voor hy of sy toegelaat kan word om alleen beheer van 'n vliegtuig te neem. Sodra hy of sy geskik verklaar is om as vlieënier geklassifiseer te word, sal sy of haar loopbaan in die rigting waarvoor hul gekwalifiseer het begin.

Die vlieënier van ons vliegtuig is Jesus, terwyl die mede-vlieënier die Heilige Gees is. Die werklike vlieënier van 'n vliegtuig is die hoofbesluitnemer en die besluite wat hy of sy neem bepaal wat die uitkoms van die vlug gaan wees. Daarom moet 'n persoon wat 'n vlieënier wil word aan verskeie toetse onderwerp word om hom of haar geskik te verklaar sodat opleiding kan begin. Die belangrikste is dat die persoon medies geskik moet wees. Jesus as vlieënier het die nodige opleiding en instruksies van God die Vader ontvang voor Hy na die aarde gestuur is om God se wil uit te voer. Daarom is dit nie vir jou nodig om 'n kursus te volg om Jesus te dien nie en jy hoef ook nie medies geskik te wees nie. Jesus kan jou gebruik net soos jy is.

Jesus het al Sy dissipels net met die woorde, "volg my" gevra om Hom te volg. Hy het hul nie vir 'n CV gevra of 'n aansoekvorm gegee om in te vul nie. Hy het hulle net gevra om Hom te volg en te vertrou.

> *"Daarop sê Jesus vir hulle: 'Kom! Word my dissipels, en Ek sal julle vissers van mense maak.' Dadelik het hulle die nette gelos en Jesus se dissipels geword" (Matteus 4:19 - 20).*

Die Here aanvaar jou soos jy is. Hy steek Sy hand uit na ons en nooi ons om een van Sy kinders te word. Die lidmaatskap is gratis, want die prys is reeds vir ons aan die kruis betaal. Die belangrikste is dat ons in die drie-enigheid moet glo: God die Vader wat alles geskape het en wat Sy seun, Jesus Christus, gestuur het om vir ons sondes te sterf en die Heilige Gees wat uitgestort is nadat Jesus opgevaar het na die hemel. Die Heilige Gees sal ons leiding gee en vertroos tot aan die voleinding van die wêreld wanneer Jesus weer sal terugkeer om ons te kom haal, sodat ons vir ewig by God en Hom sal wees.

'n Vliegtuig het 'n stuurkajuit met baie kontroles wat dit moontlik maak om die vliegtuig te beheer. Om hierdie toe-rusting volkome te kan gebruik, moet die vlieënier spesiale opleiding ontvang sodat hy of sy die kennis het om al hierdie instrumente te verstaan en te gebruik om seker te maak die vliegtuig bly in die lug en die bereik die bestemming veilig. Die Bybel is ons handleiding om die stuurkajuit van ons lewens te verstaan en daarvolgens te leef. Dit sluit in ons emosies en optredes. Ons kry insig en leiding deur middel van die Heilige Gees hoe om ons lewens te leef. Sonder die Bybel is dit nie moontlik om die werke van die Here te doen en uit te leef nie. Dit bring ons ook nader aan die Here sodat ons Hom persoonlik kan leer ken. Dit verskaf vir ons die nodige insig en wysheid om die Woord van God te verstaan en te weet wat God van ons verwag. Hierdie stuurkajuit word egter van die res van die vliegtuig geskei deur gepantserde, sluitbare deure. Net die vlieëniers en kajuitpersoneel het toegang daartoe en kommunikeer hiervandaan met die passasiers. Voor Jesus se koms was daar ook 'n gepantserde deur wat ons verhoed het om direk met God te kon praat en het Hy slegs aan sekere mense verskyn om opdragte uit te voer. In daardie tyd was die hoëpriesters die skakel tussen God en die mense.

> *"'n Hoofpriester is iemand wat uit die mense geneem*
> *en vir die mense aangewys word om priesterdiens voor*
> *God te verrig. Hy lê dié mense se gawes voor God en*
> *bring ook offers vir hulle sondes" (Hebreërs 5:1).*

Met die koms van Jesus het God egter die deur afgebreek en kan ons nou met vrymoedig met God kommunikeer deur middel van Jesus. Alhoewel niemand Hom ooit gesien het nie, het hul wel Sy stem gehoor soos Moses, deur middel van die brandende bos, en Elia, waar hy in die grot geskuil het toe hy bang was. Elia het verskillende geluide van donderweer tot 'n sagte gesuis van die wind gehoor voor Hy geweet het dit is God. God kan aan ons ook op maniere verskyn waarvan ons nie eens bewus is nie, maar dan moet ons eers stil binne ons word om Hom te kan hoor. Jesus is ons bemiddelaar en verduidelik aan ons dat Hy en Sy Vader een is en dat ons deur God aan Hom gegee is en dat niemand ons uit Sy hand kan ruk nie. Daar gaan goeie en slegte tye in jou lewe wees, maar met Jesus aan die stuur van jou vliegtuig sal jy deur die storms in die lewe kom en veilig anderkant uitkom.

*"My Vader, wat hulle aan My gegee het, is magtiger as*
*almal, en niemand kan hulle uit die hand van die Vader*
*steel nie. Ek en die Vader is één" (Johannes 10:29 - 30).*

'n Vlieënier het ook administratiewe verantwoordelikhede soos om vir elke vlug 'n vlugplan in te dien wat sal aandui waarvandaan en waarnatoe die vlug beplan word. Wanneer 'n vlugplan ingedien word by die lugverkeerbeheersentrum voor die vlug, word alle inligting opgedateer wat aandui waarnatoe gevlieg gaan word, die roete van die vlug, aankomstyd en die aantal persone aan boord. Die lugverkeerbeheersentrum is voortdurend tydens die vlug met die vlieënier in kontak om seker te maak dat die vliegtuig op koers bly. Indien die lugverkeerbeheersentrum nie kontak kan maak nie, sal ondersoek ingestel word en daarna aksie geneem word om die vliegtuig op te spoor.

God het vir elkeen van ons se lewens 'n vlugplan saamgestel. Ons het egter ons eie lewensideale en visie van wat ons wil bereik in die lewe en in watter rigting ons wil beweeg. Die oomblik as ons te ver van koers af is, maak dit die terugkeer moeiliker omdat ons eers weer op die regte koers moet kom. Wanneer jy wel die pad byster raak en voel jy kan nie meer aangaan nie, kan jy die medevlieënier vra om oor te neem (dit is enige iemand wat jy vertrou en jou kan help om weer op koers te kom). Dit is wonderlik as jy weet wat jy in die lewe wil bereik, maar ons moet dit altyd in gebed na die Here bring.

*"Die mens beplan sy koers, maar die Here*
*bepaal sy bestemming" (Spreuke 16:9).*

Daarom het God vir Jesus na hierdie aarde gestuur om die vlieënier van ons vliegtuig te wees. Die voorbeeld wat Jesus op die aarde gestel het maak Hom die beste vlieënier wat vir ons gestuur is. Hy het vanaf God ook 'n "vlugplan" gekry wat Hy moes volg hier op die aarde om aan die einde vir ons sondes te sterf. Hy het dit getrou gevolg, maar gereeld tot God gebid sodat Hy in kommunikasie met God kon bly. Dit alles het Jesus vir ons gedoen sodat ons gered kan word.

Ons ouers het ook vir ons 'n vlugplan vir ons lewens uitgewerk die oomblik toe ons gebore is. Soos jy opgevoed word, is daar reëls neergelê en moes jy dit navolg sodat jy die regte leiding kry. Dit is om jou op koers te hou. Soos ons ouer en wyser word, is ons nie altyd lus om die vlugplan te gebruik nie, en soek ons kortpaaie of ander vlugplanne om by ons eie bestemming uit te kom. God het egter vir ons Sy eie vlugplan uitgewerk en ons kan net op koers bly as ons Sy Woord bestudeer. Indien ons besluit om ons eie koers in te slaan kan ons die pad heeltemal byster raak. Die wonder is dat die Here, soos die lugverkeerbeheersentrum, gedurigdeur met ons kontak maak om seker te maak dat ons nog op koers is. Ons moet net leer om te stil word en Sy stem te hoor. Wanneer ons rigting weg van Hom beweeg, gebruik Hy die Heilige Gees om ons terug te bring na die roete wat Hy vir ons beplan het, want Hy wil nie een van Sy kinders verlore sien gaan nie.

God se vlugplan, die Bybel, het duidelike instruksies en riglyne van hoe ons moet lewe. Dit is egter ons keuse of ons dit wil gebruik of nie. Ons gaan baie keer deur die lewe sonder die vlugplan en wanneer ons in 'n krisis beland kom ons dan agter dat ons nooit die plan gevolg het nie. Dit is wanneer ons begin om ons eie insigte te volg en nie op God te vertrou nie. Soms het ons meer vertroue in mense soos medici en is daar selfs mense wat gereeld waarsêers besoek of selfs hul horoskope in tydskrifte lees en dan hulle vertroue daarop stel.

God kan alles weer regmaak en omkeer na normaal – daar waar ons die appelkar omgekeer het en die appels die hele plek vol lê en selfs wegrol waar ons dit nie weer kan uitkry nie. Die mens wat 'n ongeluk of krisis oorleef is gelukkig om die vlugplan op te spoor en weer op koers te kom, maar wat as jy nie die geleentheid kry om dit te kan doen nie?

As ons kyk na die opvoeding wat nodig is om 'n kind groot te maak, is daar nie 'n handleiding nie, maar wel verskeie boeke wat advies gee soos ouers dit nodig mag kry. Die realiteit van om 'n ouer te wees, is egter nie in boeke beskikbaar nie. Ouers sit baie keer met hul hande in hul hare en huil omdat hul so onkundig is, veral as 'n baba aanhou huil. Daar is wel een troos: Daar bestaan nie so iets soos 'n perfekte ouer nie! Gelukkig is daar darem hulp van grootouers om bystand te gee indien nodig. Jou aardse ouers sal jou die basiese dinge van die lewe leer soos om te kan eet, loop, te waarsku waar jy kan seerkry en sal jou beskerm na die beste van hulle vermoë.

Elke ouer sal mettertyd die nodige kennis opdoen om hul kinders groot te maak en in hul behoeftes te voorsien. Dit is egter belangrik dat kinders ook geestelik opgevoed word, daarom sal die Bybel die enigste ware instruksieboek wees. Dit is 'n gids wat aan ouers leiding sal gee om sodoende elke kind na God se weë groot te maak en so Sy opdrag uit te voer om kindertjies na Hom te bring sodat Hy hulle kan seën.

*"Maar Jesus het gesê: 'Laat staan die kindertjies. Moenie hulle keer om na My toe te kom nie, want God se koninkryk is juis bedoel vir almal wat soos hulle is'" (Matteus 19:14).*

As ons as ouers ons kinders nie kerk toe vat, Sondagskool laat bywoon, gereeld saam met hulle aandgodsdiens hou, en openlik oor Hom te praat nie, verhoed ons kindertjies om van God te leer en sal hulle nie weet hoe om God te nader as hulle ouer word nie.

# 4    Skoonmaaktyd

Die vliegtuig waarmee jy gaan reis se romp is sigbaar wanneer dit op die lughawe staan. Binne in die romp is daar onder andere sitplekke, kabinette, en so meer. Met die oog kan 'n mens sien in watter kondisie die vliegtuig is en of jy 'n vlug daarmee sal wil onderneem. So word die kerk in hierdie boek uitgebeeld as die romp van 'n vliegtuig. Die kerkgebou kan van buite gesien word, maar jy moet ingaan om te sien hoe dit lyk. Dit bevat ook onder andere sitplekke en musiektoerusting. Enige persoon kan die kerk gratis besoek en dienste bywoon, maar net jy kan besluit of jy die vlug van jou lewe saam met Jesus, jou Verlosser, wil onderneem of nie.

Jy sal dit eers van binne kan besigtig sodra jy 'n vliegkaartjie gekoop het om te kan betree. Die naam van die lugredery kan gesien word op die vliegtuig en ook die land van herkoms is op die kante en stert geverf. Elke vliegtuig het ook 'n nommer om dit te kan identifiseer. Wanneer jy in die openbaar verskyn, sien mense net jou buitekant soos ons die vliegtuig op die lughawe sien – jou hele voorkoms. Mense kan ook bepaal uit jou voorkoms of jy ryk of arm is en word daar sommer 'n oordeel oor 'n persoon gevel nog voor die persoon werklik geken word. Die Here ken ons elkeen egter dieper en weet wie ons werklik is.

*"Mense oordeel volgens uiterlike voorkoms, maar die*
*Here kyk na gedagtes en bedoelings" (1 Samuel 16:7).*

So sien mense jou voorkoms raak – die kleur van jou hare, oë en ander gelaatstrekke, die vorm van jou liggaam en of jy enige gebreke het. Dit is wie jy is – jou identiteit – en hoe die wêreld jou van buite sien. Mense kan jou egter eers leer ken as hulle interaksie met jou het en meer oor jou te wete kom. Deur jou gedrag sal mense 'n bietjie meer oor jou karakter te wete kom, maar niemand kan egter sien wat binne jou hart en gedagtes aangaan nie. Ons leer met die jare om 'n front voor te hou van wie ons volgens ander moet wees en nie wie ons werklik is nie. Dit veroorsaak dat ons later ons identiteit verloor en dit kan gebeur dat ons nie meer in onsself glo nie, maar glo wat ander van ons sê en dink. Soms gebeur dit dat daar 'n onderskeid tussen kinders geskep word op skool. 'n Kind wat nie teoreties goed is nie, word beskou as iemand wat nie iets in die lewe sal bereik nie. Dit kan lei dat 'n kind deur haar of sy lewe voel hulle is niks werd nie en dit kan later 'n groot invloed op hulle lewens hê. Dit is egter nie waar nie, want die kind kan op ander gebiede uitblink en nie raakgesien word nie. Die potensiaal van elke kind op enige area moet raakgesien word en dit moet dan ontwikkel word. Die belangrikste is om te onthou dat nie almal altyd van jou sal hou nie. Elke mens wat jy teëkom in jou lewe sal 'n opinie oor jou vorm, maar dit is nie wat jou as mens moet onderkry nie, want wat God van jou dink is die belangrikste.

*"Nee, ons praat omdat God ons gekeur het. Hy het die*
*Goeie Nuus aan ons toevertrou. Ons doel is nie om*
*mense tevrede te stel nie, maar God. Hy ondersoek die*
*motiewe van ons harte" (1 Tessalonisense 2:4).*

Ons kan verder kyk na ons identiteit deur te verwys na die skanderings wat op jou en jou bagasie gedoen word voordat jy toegelaat word om op 'n vliegtuig te klim. Dit is om seker te maak dat niks ongehoords saam met jou aan boord glip nie. So kan medici deur middel van sonars, x-strale, en ander toerusting ook kyk na die binnekant van jou liggaam. Daar kan egter nog steeds nie gesien word wat binne jou gedagtes aangaan nie. Net die Here ken jou egter en weet wat jou gedagtes en motiewe is. So moet ons waaksaam wees met ons gedagtes teenoor onself en ons medemens.

> "Bo alles, wees versigtig met wat in jou hart aangaan.
> Wat jy dink bepaal alles wat jy doen" (Spreuke 4:23).

Om Jesus beter te leer ken, moet 'n mens meer tyd met die Bybel spandeer, en om Sy stem te hoor, moet jy gereeld bid. Jy sal agterkom dat Hy die enigste een is vir wie jy ten volle kan vertrou in alle omstandighede. Hy het nie 'n X-straalmasjien nodig om te weet hoe jy van binne lyk nie, want God het jou geskape. Ons kan self dinge oor ons uitspreek en dit glo en sodoende ons menswees skade berokken. Daar is selfs mense wat só in fortuinvertellings glo dat hulle nie hul dag kan begin sonder om hul horoskoop gelees het nie. Om 'n fortuinverteller te besoek is sonde, en dit het 'n sielkundige uitwerking op jou wat jou identiteit as te ware kan verander na dié van 'n persoon wat jy naderhand nie meer herken nie. Ekself is skuldig daaraan en het al 'n fortuinverteller besoek en my horoskoop gelees om te sien wat die toekoms vir my inhou. Dit het veroorsaak dat ek besluite geneem het wat vir my baie hartseer en pyn veroorsaak het omdat ek geglo het wat hul sê moet so wees. Hoe naïef kan 'n mens nie wees nie? God sê in Sy Woord dat ons geen ander gode mag dien nie:

*"Jy mag nie nog ander gode buiten My*
*aanbid nie" (Eksodus 20:3).*

Dit is dus sonde om toekomsvoorspellings slaafs na te jaag en dit dan die plek van God te laat inneem. Vandat ek die Here werklik as my Saligmaker aangeneem het, het Hy my gehelp om daardie verslawing te oorwin en op Hom te vertrou en my lewe in Sy hande oor te laat. Dit is ook die ideale geleentheid om ons lewens skoon te maak net soos wat 'n vliegtuig na elke vlug binne skoongemaak word. Ons kan nie die hele tyd deur die lewe "vlieg" sonder om stil te word en inspeksie te neem van wat alles op ons lewensvlug gebeur het en of ons nog in staat is om verder te kan gaan nie.

Introspeksie van jouself is om van tyd tot tyd jou "vliegtuig" na te gaan en te bepaal wat die toestand van jou lewe is. Maak 'n opname van wat jou gemoedstoestand oorheers en hoekom dit jou lewe oorheers. Dit kan enigiets wees van vrees tot iets waarvoor jy om vergifnis moet vra of moet gee. Maak vrede met dit wat jy kan laat gaan en sorteer uit dit wat jy kan. Gaan maak reg waar jy weet jy verbrou het en vra die Here om jou te vergewe. Paulus het ook besef dat die verlede jou kan terughou van 'n toekoms. Hy gee 'n mooi beskrywing van hoe hy ontslae raak van enige iets wat hom weerhou om voluit te lewe:

*"Ek vergeet dit wat agter my lê, en strek my*
*uit na dit wat voorlê" (Filippense 3:13).*

So help dit ons ook om weer ons batterye te laai en energie te kry vir die volgende vlug van ons lewe. Soos die vliegtuie kom en gaan is daar ook mense wat in jou lewe kom en gaan. Elkeen los iets van hulself agter en neem iets van jou saam. Dit kan goed of sleg wees. Sonder dat jy dit agterkom kan jy slegte of goeie gewoontes aanleer wat jou verander. Jy kan verander na 'n beter jy of selfs ontdek dat daar eienskappe na vore kom waarvan jy nie bewus was nie. Wanneer jy besig is om jou "vliegtuig" skoongemaak te maak, sal jy agterkom dat 'n verhouding of vriendskap jou uitmergel of nadelig beïnvloed en moet jy keuses maak. Dit is nie altyd maklik nie omdat daar altyd iemand is wat seerkry in die proses. Is dit die moeite werd om nog so aan te gaan of moet jy 'n besluit neem om dit te laat gaan? Laat ons dan ook dit wat agter ons is los by die verlede en ons vlerke sprei en vlieg na 'n toekoms wat wag.

# 5  Bon voyage

Wanneer jy besluit om van 'n vliegtuig gebruik te maak om 'n bestemming te bereik, moet jy eers 'n kaartjie bespreek. Dit kan deur die internet wees of by die lughawe self. Jy sal dan met jou aankoms by die lughawe na die inboek-toonbank van die spesifieke lugredery gaan om jou nodige dokumentasie vir die vlug in te dien. Dit sal nagegaan word en 'n vliegkaartjie sal aan jou uitgereik word. Dit is jou toestemming om die vlug mee te maak. Net so het Jesus vir ons toestemming verkry om deel van die Koninkryk te wees die dag toe Hy aan die kruis vir ons gesterf het. Jesus self sê aan die dissipels:

*"Ek is die weg en die waarheid en die lewe. Niemand kom by die Vader uit behalwe deur My nie" (Johannes 14:6).*

Jy kan nie in die hemel kom as jy nie Jesus herken as jou Saligmaker nie. Die oomblik as jy Hom as jou Verlosser aanneem, het jy 'n eersteklaskaartjie na die ewigheid saam met God en Jesus.

By die inboek-toonbank sal jou bagasie wat na die ruim van die vliegtuig moet gaan ingeweeg word om die gewig te bepaal. Daar is net 'n sekere gewig wat toegelaat word per passasier en as dit die bepalings oorskry, sal daar van jou verwag word om die bagasie te verminder of om ekstra te betaal daarvoor. Jy word ook toegelaat om beperkte handbagasie saam met jou op die vliegtuig te neem. Soos ons bagasie inboek en dit eers laat weeg, so dra ons ook bagasie elke dag saam met ons. As ons dit saam met ons op 'n weegskaal moes sit, dink ek ons sou nie kon opstaan nie. Die tas (laste) wat ons agter ons aansleep word later só swaar dat ons nie krag het om dit meer te sleep nie. Jesus nooi jou uit om jou swaar tas by die kruis te kom neersit sodat Hy jou juk vir jou ligter kan maak.

*"Kom na My toe, julle almal wat moeg is en swaar laste moet dra, en Ek sal julle lewens verkwik. Neem my juk op julle skouers. Kom leer van My, want Ek is sag en nederig van hart, en julle sal nuwe krag kry. Want my juk sal saggies op julle skouers rus en my las is lig om te dra"* (Matteus 11:28 – 30).

Ons is geneig om die tas (laste) by die kruis neer te lê, maar dan te dink dat daar dalk nog artikels daarbinne is wat ons mag nodig kry. Ons pak dit dan uit en vat die dinge wat ons saam wil neem en plaas dit in 'n rugsak as handbagasie. Wat ons nie altyd besef nie, is dat die handbagasie wat ons uitgesoek het en in die rugsak pak, die dinge is wat ons so lank aan dra en ons die meeste probleme gee. Dit is baie keer omdat ons nie die verlede wil los en dinge wil laat gaan wat lankal nie meer die moeite werd is om oor bekommerd te wees nie. Dit kan enige iets wees van woede tot verslawing. Die rugsak wat ons dan verder deur die lewe neem begin weer swaarder en swaarder word soos ons aanstap. Dit groei soos die advertensie van die orangoetang wat op die motorfietsryer se rug sit. Dit stel hongerte voor en word al hoe groter soos die hongerte vermeerder. Net so groei die handbagasie met haat en nyd in jou deur leed wat jare gelede aan jou gedoen was, en die wrok binne in jou genees nie. In plaas daarvan om vergifnis te gee, het ons baie keer meer 'n hongerte om iemand terug te betaal vir wat hy of sy aan ons gedoen het.

Die ergste is egter dat die persoon of persone wat hierdie skade veroorsaak het baie keer nie eers weet dat hulle dit aan jou gedoen het of selfs dat dit jou lewe verwoes het nie. Hulle het lankal aanbeweeg, maar jy haak vas op dieselfde plek. Dit maak jou siek en daarom sal jy op 'n punt moet kom om vergifnis te gee of jouself te vergewe. Wanneer dit jy is wat iets gedoen het om iemand anders te na te kom en jy het vergifnis gevra, moet jy glo dat jy alreeds vergifnis van God ontvang het, maar jy jouself nog nie vergewe het nie. Sodoende sal jy eers self tot genesing kan kom. Wanneer jou rugsak dan te vol raak, pak jy weer jou bagasie in 'n tas, want die handbagasie is nou te vol, en sleep jy dit weer na die kruis van Jesus om dit by Sy voete neer te lê. Die kringloop sal altyd aanhou tot jy op 'n dag by die kruis kom en jou hele tas daar los en nie handbagasie saamneem nie.

Ons is geneig om te dink dat die Here nie alles kan hanteer nie of dat ons nog nie wil laat gaan aan alles wat vir ons 'n las is nie. Die ander rede is dat die Here volgens ons te lank vat om aan ons versoeke te voldoen. Wanneer jy die dag vergifnis toegestaan word en bevryding kry, sal jy weer jou vlerke kan sprei en voluit lewe. Dit is nie die moeite werd om te tob oor dinge waaraan jy niks kan doen nie. Die Here verseker ons dat Hy ons laste kan verlig:

*"Die las op jou skouer het Ek afgehaal, jou hande kon die mandjie (bagasie) los" (aanpassing uit Psalm 81:7).*

Met jou vliegkaartjie in jou hand beweeg jy nou na die hekke wat jou toegang sal gee na waar die vliegtuig vir jou wag. Daar sal jou inligting weereens nagegaan word en jy toegelaat word om deur te stap om jou vlug te haal. Die toegangsdeur tot die vliegtuig is reeds oop en daar is 'n spesiale loopvlak wat jy kan volg om die vliegtuig te bereik. Net so is die deur van die

Hemel vir ons geopen en die pad daarnatoe is smal. Jy kan besluit of jy dit met moeite wil volg om so aan die einde van jou lewe die paradys te betree. Jesus sê dat Hy aan jou hart se deur klop, en as jy bereid is om dit oop te maak, sal Hy ingaan en by jou kom woon.

> "Kyk, ek staan by die deur en Ek klop. As jy my stem herken en die deur oopmaak, sal Ek na jou toe ingaan en ons sal die fees ete saam geniet" (Openbaring 3:20).

Sodra jy die vliegtuig betree, sal jy gaan sit op die plek wat op jou kaartjie aangedui is. Jy kan dan rustig jou sitplek inneem en wag vir die vlug om te begin. Ons het ook reeds sitplekke in die hemel wat vir ons voorberei is deur Jesus nadat Hy opgevaar het na die hemel. Jesus vertel ons soos volg:

> "In die huis van my Vader is daar sommer baie kamers. As dit nie só was nie, sou Ek nie vir julle gesê het Ek gaan om vir julle plek gereed te maak nie. En as Ek gegaan en vir julle plek ingerig het, kom Ek terug en sal julle na My toe neem sodat julle ook kan wees waar Ek is" (Johannes 14:2 - 3).

Jy sal merk dat die vensters in 'n vliegtuig solied is en nie oopgemaak kan word nie. Stel jou net die chaos en paniek voor as die vensters kon oopmaak!

Die passasiers wat aan die kant sit het toegang tot 'n wonderlike uitsig. Elke venster beperk in 'n mate dit wat jy daaruit kan sien en dit hang af van hoe ver jy na benede kyk of op watter sitplek jy vanaf die venster sit. Die gedeelte wat jy sien gee jou 'n aanduiding hoe hoog daar gevlieg word, hoe die weer buite is, en wat jy kan sien daar onder.

Elke venster in die vliegtuig wat voor jou sitplek is, kan gesien word as 'n fase in ons lewens wat verby is. Elke venster vertel 'n verhaal van 'n spesifieke tydstip in jou lewe soos byvoorbeeld jou skool- en universiteitsloopbaan, verhoudings, huwelik, ensovoorts. Wanneer ons terugkyk op ons lewenspad en die verlede voor ons afspeel, sal ons sien dat daar moeilike tye was waar ons gedink het ons dit nie sal maak nie, maar ons het. Dit gee jou ook 'n aanduiding van hoe jy elke situasie hanteer het en hoe dit jou gevorm of beïnvloed het. Soms is dit nodig om deur elke venster terug te kyk en só 'n blik te kry op jou lewe en dit te herevalueer. Jy sal ook opmerk of jy nog op koers is en of jy dalk te ver van die venster sit wat jou die lig laat sien.

Een ding is seker – jy sal die enkele ry voetspore in die sand sien waar Jesus jou gedra het en waar Hy jou vertroos en teen Sy bors vasgedruk het. Hy het jou hand geneem, opgehelp en weer hoop gegee. Die wonder van die terugblik op ons lewens is dat daar nie een oomblik was wat God nie daar vir ons was nie. Mense verlaat, verraai en stel 'n mens teleur, maar God is altyd daar en sal vir altyd daar wees. Sy belofte aan jou en my:

> *"Ek sal jou nie los nie. Ek sal jou nie in die*
> *steek laat nie" (Hebreërs 13:5).*

Hierdie vers is vandag nog steeds waar.

Moenie net vaskyk in die slegte dinge wat gebeur het nie, maar kyk ook na al die goeie dinge. Dink terug aan die tye waar jy gedink het dit is onmoontlik om iets te bereik, maar tog vreugde ervaar het, die werk gekry het, genees is, familietye saam geniet het, ensovoorts. Dank God vir elke goeie *en* slegte tyd, want daardeur is jy gevorm soos Hy jou wil voorberei om tot diens van Hom te wees. Elke venster wat agter jou sitplek is, is die toekoms wat jy nie kan sien nie. Ja, die toekoms is onseker, maar juis daarom moet ons die Here vertrou en weet dat hy altyd daar sal wees en mildelik in ons behoeftes sal voorsien. Hou aan bid en glo! Mag elkeen wat nog soekend is Jesus sodoende vind.

Vensters is die oë van die siel. Dit laat ons nie net terugkyk in ons verlede nie, maar ook na ons binnekant en dit gee ons hoop vir die toekoms. Die bonus van innerlike introspeksie is dat jy met verwondering kan besef hoe God jou deur alles gedra het. Hy was altyd daar, al het jy Hom nie gesien of in jou gevoel nie. Soms is jou venster donker as gevolg van depressie, hartseer, pyn, siekte, ensovoorts en is mens geneig om te dink dat niemand omgee nie en dat selfs die Here jou verlaat het. Jesus het ook eensaam en verlate aan die kruis gevoel toe Hy uitgeroep het:

> "'Eli, Eli, lemá sabagtani,' wat beteken: 'My God, my
> God, waarom het U my verlaat?'" (Matteus 27:46).

Hy, die Seun van God, het die emosie van verlatenheid beleef – dit wat jy dalk vandag beleef – en Hy weet hoe dit voel om verlate te wees. Neem al jou seer na Hom en praat met Hom daaroor, want Hy verstaan. Weet vir seker dat Hy altyd daar is en was, en met liefde in Sy oë na jou staar en sê:

*"Dit is my skepping, my kind, vir wie Ek so lief is en vir wie Ek my enigste Seun gestuur het om voor te sterf."*

Omdat Jesus ook alles deurgemaak het op hierdie aarde, besef Hy hoe ons voel en het Hy begrip met ons. Hy tree elke oomblik vir ons in by God met smeking.

> *"Daar is net een Middelaar wat God en mens kan versoen, Hy is*
> *die mens Christus Jesus" (1 Timoteus 2:5).*
> *Na alles skyn die son deur ons venster en sien*
> *ons die lig en beleef vrede en vreugde.*

# 6 Bestemming met of sonder bagasie

Die opstyg en landing van 'n vliegtuig is vir my die grootste opwinding en tog vir baie mense die mees gevreesde deel van 'n vlug. Die vermoë van die vlieënier om die groot stuk metaal die lug in te stuur en weer veilig terug te plaas op Moeder Aarde verg baie kennis, ervaring en konsentrasie. Ek het 'n tyd gelede 'n video-uittreksel in 'n e-pos ontvang wat wys hoe 'n vliegtuig gedurende 'n hewige storm deur die vlieënier gemanipuleer word en dit skeef draai sodat dit in staat kan wees om dit veilig op die aanloopbaan neer te sit. Sodra die wiele die grond raak, draai die vlieënier die vliegtuig weer reguit en bring dit later tot stilstand. Watter vernuf, konsentrasie en ervaring moes daardie vlieënier nie hê om so 'n groot vliegtuig totaal en al te kan beheer en te stuur in die rigting waar dit moes wees nie? Ek is seker daar het 'n algehele stilte geheers onder die passasiers gedurende hierdie landingsproses – elkeen was dalk besig met hulle eie gedagtes en gebede ...

Hoe moes die passasiers gevoel het terwyl hul hierdie landing beleef het en geweet het daar woed 'n storm daarbuite? Het hulle dalk gewonder of hul weer veilig sal kan land? Dit is 'n absolute vertroue wat ons in 'n vlieënier stel wanneer ons 'n vliegtuig betree en saamvlieg. Soos die vlieënier bekwaam moet wees om 'n vliegtuig in alle omstandighede te kan beheer, so moet ons God ten volle vertrou en in beheer van ons lewens plaas. Soos die storm gewoed het tydens die landing van die vliegtuig, so kan daar tans in jou 'n storm woed waarvoor jy geen uitkoms sien nie. Dalk voel jy soos een van die passasiers wat nie weet wat die uitkoms van jou vlug sal wees nie.

Soms voel dit of jy teen 'n muur vas bid en jou gebede nie verhoor word nie. Jy weet nie of jy paniekerig moet raak en of jy moet stil wees en aanhou bid met die hoop vir uitkoms nie. Maak nie saak hoe klein of sterk jou geloof tans is nie – die wete dat God nie 'n emosionele God is nie en altyd in beheer is van ons lewens maak enige situasie draaglik. Hy is die Almagtige God wat elke storm kan kalmeer net soos Hy die storm stil gemaak het toe die dissipels bang was op die see.

*"Skielik het daar 'n hewige storm oor die see opgekom sodat reuse golwe bo-oor die boot gebreek het. Maar Jesus het gelê en slaap. Hulle gaan maak Hom toe wakker sê: 'Here, red ons! Dis klaar met ons!' Maar Jesus sê vir hulle: 'Waarom is julle so verskrik? Is julle geloof dan regtig so klein?' Daarna het Hy opgestaan, die winde en die see streng aangesprek en daar het groot kalmte gekom" (Matteus 8:24 – 26).*

Dit is vir die Here altyd moontlik om die storms in jou lewe stil te maak as jy net in Hom glo en tot Hom bid. Stel jou vertroue in Hom en Hy gee jou die versekering dat Hy jou nooit sal begewe of verlaat nie, al voel jy alleen en verlore.

'n Vliegtuig kan eers opstyg as die vlieënier instruksies vanaf die lugverkeerbeheersentrum ontvang het, en hy of sy word verplig om dit te volg om seker te maak dat die regte bestemming op die regte tyd bereik word. Hierdie streng maatreëls verseker dat daar beheer uitgeoefen word in die lugruim.

Net soos ons nie altyd ons ouers se instruksies vir ons lewens wil volg nie, gebeur dit soms dat 'n vlieënier ook nie die instruksies van lugbeheer volg nie. Dit kan katastrofiese gevolge inhou vir die mense aan boord die vliegtuig en insidente kan plaasvind wat 'n groot impak op die lewens van die passasiers en/of bemanning het. Elke persoon op die vliegtuig plaas hulle vertroue in die vlieënier wat hulle veilig by hul bestemming moet uitbring.

Daar is 'n gedeelte waar jy by die vlerk of net voor die vlerk kan sit. Dit maak dit vir jou moontlik om elke beweging daarvandaan te sien. Die vlerke van 'n vliegtuig is sterk, stewig en buigbaar. Dit word beheer deur flappe en kan wind en weer weerstaan. Dit gee hoop en vertroue dat die vliegtuig in die lug sal bly, en so plaas ons ook ons vertroue in God soos Petrus dit stel:

*"Daarom stel julle al julle vertroue en*
*hoop op God" (1 Petrus 1:21).*

Die vliegtuig is ook toegerus met 'n nooduitgang wat net in die geval van nood gebruik word. Die persone wat sitplekke naby die nooduitgange het, sal deur die bemanning gevra word of hy of sy bereid sal wees om die nooddeur te beman in geval van nood. Indien die persoon nie kans sien nie, sal plekke geruil word met iemand wat bereid is om te help. Instruksies sal dan deurgegee word aan die persoon hoe en wat gedoen moet word indien daar 'n situasie opduik.

*Net so gebeur dit in ons lewens dat ons in 'n noodsituasie beland,
maar dat daar niemand is om ons te help nie. Gebed verrig
wondere en jy kan met vrymoedigheid na die Here gaan en hulp
vra. Hy weet hoe om jou in enige omstandighede te help en is
altyd beskikbaar. Soms is daar tye wat jy nee sê vir iemand wat
hulp van jou vra. Daar kan verskeie redes daarvoor wees, maar
soms is dit net omdat jy nie lus is of weet hoe om te help nie. Die
Here se opdrag is dat ons ons naaste moet liefhê soos onsself,
en dit verg soms van ons om uit ons gemaksone te klim en uit te
reik na ander in nood. Dit is beter om te gee as om te ontvang en
dit verskaf 'n gevoel van vreugde as 'n mens weet jy kon iets vir
ander doen. In Handelinge haal ons Jesus se woorde aan: "Dit is
meer geseënd om te gee as om te ontvang" (Handelinge 20:35).*

Die Here kan vir jou vra of jy bereid is om by die nooddeur
te sit, want Hy het 'n besondere taak wat Hy aan jou wil
toeken wat Hy weet jy sal kan verrig. As jy bereid is om dit
aan te neem sal die Here dit vir jou moontlik maak om dit te
kan hanteer. Indien jy nie kans sien vir dit wat die Here van
jou verwag nie, sal Hy die taak vir iemand anders gee wat
gewillig is om dit te aanvaar en in gehoorsaamheid leef. Hier
kan ons die gelykenis van die ryk man wat op reis gegaan
het en aan elkeen van sy slawe goue muntstukke uitgedeel
het om mee te woeker, as voorbeeld gebruik. Elke slaaf het
met hul terugkeer hul wins op die goue muntstukke vir hom
gebring. Een slaaf het egter sy muntstuk begrawe. Dit het die
ryk man kwaad gemaak en daarom het hy ook die muntstuk
van hom weggeneem en aan iemand anders gegee. Die slaaf is
toe uitgewerp in die donkerte daar buite (lees Matteus 25:14 –
30). Die Here kan die talente wat Hy aan jou gegee het, maar
wat jy nie gebruik nie, wegneem en vir iemand gee wat dit sal
gebruik om Sy wil uit te voer.

Daar is verskeie medepassasiers wat saam met jou reis. Elkeen het 'n sitplek van hulle eie en net so moet ons in die lewe elkeen 'n plekkie onder die son gun. Sodra al die passasiers hulle sitplekke ingeneem het, sal die voorbereidings en instruksies deurgegee word om gereed te maak vir die opstygfase van die vlug. Die deur sal toegemaak word en 'n lid van die bemanning sal voor in die vliegtuig staan en vra dat almal hul veiligheidsgordels moet vasmaak. Daar sal ook deur al die veiligheidsreëls gegaan word om seker te maak dat almal aan boord weet wat van hul verwag word in geval van nood. Dit sluit in waar die suurstof masker geleë is en hoe om dit korrek te gebruik. Die ander belangrike item is die lewensreddingsbaadjies wat gebruik moet word in die geval waar die vliegtuig probleme ondervind oor water. Die instruksies van hoe om die baadjie op te blaas en te gebruik word verduidelik. Dit sal ons help om bo die water te bly tot daar lewensredders opdaag om ons te kom red. In ons lewens is daar ook tye wanneer ons lewensredderbaadjies gaan nodig kry, veral wanneer storms om ons woed. Die beste lewensredder wat daar is, is Jesus. God het uit liefde vir ons 'n redder gestuur om ons te red van ons sondes, Sy enigste gebore Seun, Jesus Christus, was as die volmaakte offerlam geoffer om te verseker dat ons 'n ewige toekomsverwagting het as ons Sy genade aanvaar. Hy het Sy bloed tot op die laaste druppel gestort aan die kruis van Golgota. Sodoende het Hy Sy liefde aan ons bewys deur ons van ons sondes te reinig sodat ons vlekkeloos voor God kan staan as bloedgewaste kinders.

Deur wat Christus gedoen het, het God vooraf besluit om ons as Sy kinders aan te neem (Efesiërs 1:4 – 5). Daarom is die wete so kosbaar dat God ons voor ons bestaan het al uitgekies het om Sy kinders te wees. Wat 'n voorreg om Sy kind te wees! Jesus se kruisdood het ons tot God se eiendom gemerk en ons gids is die Heilige Gees.

Die Heilige Gees dui nie net vir ons die rigting aan nie, maar kan ons ook red van ondergang en daarmee saam kom gebed. Die hand van die Here is nooit te kort om te help nie. Wie Hom aanroep, sal gered word.

*"Die Here is nie te swak om julle te red nie. Hy is*
*nie te doof om julle the hoor nie" (Jesaja 59:1).*

Wanneer 'n vliegtuig gereed is om op te styg, begin dit op die aanloopbaan beweeg en begin die turbines vinniger draai soos die enjins opwarm. Die vliegtuig begin al vinniger en vinniger beweeg op die aanloopbaan, en dan begin dit oplig – eers die neus, dan die romp en laastens die stert. Die wiele word ingetrek sodra dit die grond verlaat en 'n veilige hoogte bereik het. Stelselmatig klim die vaartuig hoër en hoër tot dit die verlangde hoogte bereik het wat aan die vlieënier deurgegee is soos op die vlugplan. Sodra die vliegtuig die verlangde hoogte bereik, sal die neus altyd in die rigting van die eindbestemming wys. Die hemelruim voel dan soveel nader en eindeloos, wat ons weereens laat besef hoe grensloos God se genade vir ons is.

Die Christelike opvoeding wat ons van kleinsaf vanaf ons ouers kry, sal 'n invloed hê op ons toekoms en hoe ons besluite sal neem. Ons "neus" moet wys in die rigting waarnatoe ons beweeg. Daar gaan fases in ons lewens wees waar ons wind van verskillende rigtings gaan kry – soms van voor en soms van agter en soms sommer van alle kante. Dit beteken die rigting wat jy wil inslaan gaan beïnvloed word deur eksterne faktore. Jy kan afdwaal van die waardes waarmee jy grootgemaak is en in vriendekringe beweeg wat nie jou opvoedingswaardes weerspieël nie. Daar kan selfs omstandighede wees wat druk op jou uitoefen om in 'n rigting te beweeg wat jy nie wil volg nie, maar nie 'n keuse het nie as gevolg van omstandighede soos finansies, beroepkeuse, gesondheid, ouers ensovoorts. My seun het op 'n tyd vir my 'n skets geteken wat vir my so baie beteken, want 'n ouer wonder altyd of jy jou kind reg opgevoed het. Die skets het naastenby so gelyk:

Die opvoeding wat ek as kind ontvang het.

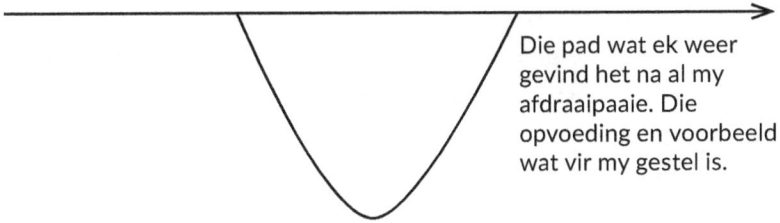

Die pad wat ek weer gevind het na al my afdraaipaaie. Die opvoeding en voorbeeld wat vir my gestel is.

Al die afdraaipaaie wat ek gevolg het

Dit was vir my wonderlik om te sien dat die boompie wat ek gebuig en probeer vorm het deur al die jare en baie gebede, vrugte afgewerp het. Die Here verwag van ons om ons kinders se boompies van kleinsaf regop te hou waar dit begin krom hang. Moet dit net nie middeldeur breek met die harde pogings waarmee jy dit wil doen nie. Kyk byvoorbeeld na wat die Japannese met 'n bonsai-boompie doen: Geduld en vakmanskap is van die belangrikste vereistes en met baie geduld en versorging word die boompie in 'n pragtige skepping gevorm.

*"Hy wat sy seun nie dissipline leer nie, het hom nie regtig lief nie. As hy hom liefhet, sal hy hom dissiplineer" (Spreuke 13:24) en*

*"My seun, moenie dit verontagsaam wanneer die Here jou reghelp nie. Moenie jou verset wanneer Hy jou teregwys nie. Die Here bestraf immers hulle wat Hy liefhet net soos 'n pa sy seun 'n pak slae gee. Die mens wat wysheid kry, is gelukkig. Dit gaan goed met die mens wat insig kry" (Spreuke 3:11 - 13).*

Terwyl die vliegtuig stadig na die aanloopbaan beweeg, sal 'n lugwaardin belangrike instruksies gee. Passasiers word aangesê om hulle selfone af te skakel tot die vliegtuig klaar opgestyg het en daarna kan dit op vliegtuigmodus of *flight mode* gestel word. Dit is vir veiligheidsredes, want dit het 'n invloed op die vliegtuig se kontroles.

Vir ons as mense is dit ook soms nodig om af te skakel, in *flight mode* te gaan en vir 'n ruk te onttrek van ons besige lewenstyl en rustig te raak by die Here. Dit kan ook 'n vaste tyd wees waar ons alleen met die Here tyd spandeer en bid. Dit sal jou help om weer perspektief te kry oor jou lewe en om die onnodige dinge in jou lewe af te skakel en weer krag te vind by die Here.

Dit gebeur baie dat ons só vinnig deur elke dag se take en verantwoordelikhede beweeg dat ons nie eens besef ons lewe ons eie lewe sonder God en doen ons eie dinge sonder om eers Sy wil te vra nie. Ons brand uit en ons liggame kan nie bybly nie. Dit is dán wanneer ons moet afskakel en oorgaan op *flight mode* sodat ons God weer kan ontdek en na Sy wil vra. Sodoende herlaai ons weer ons batterye en kry ons weer koers.

Wanneer die vliegtuig gereed is om op te styg, sal al die ligte, behalwe dié op die vloer, afgeskakel word. Hierdie veiligheidsmaatreël is in plek sodat die bemanning kan sien waar hulle loop in geval van nood. Die Here verlig ook ons pad waarop ons loop sodat ons nie val en seerkry nie:

*"Die Here is my lig en my redding"* (Psalm 27:1).

Die Bybel is weer die riglyne waarvolgens ons moet lewe en 'n lamp vir ons voete en 'n lig op ons pad (aangepas uit Psalm 119:105). Laat jou lig vir Jesus skyn en wees 'n lig vir ander wat op soek is na God en die pad terug wil vind.

# 7     Hou koers

Die vlieënier stel hom- of haarself aan die passasiers bekend sodat elkeen kan weet wie in beheer van die vlug sal wees. Hy of sy sal dan ook verduidelik hoe die vlug sal verloop en deur die vlug die passasiers 'n aanduiding gee van hoe lank die vlug nog sal neem en oor watter gebied hul tans vlieg. Wanneer die vlieënier begin praat, sal die passasiers luister na die voorstelling en aankondigings. Die wat al ervare passasiers is, luister nie meer aandagtig daarna nie, maar hoor wel die vlieënier se stem in die agtergrond. Dit gebeur omdat jou brein al van die inligting gememoriseer het en nie meer interessant vind nie. So word dit op die agtergrond geskuif en gaan jy aan waarmee jy besig was.

Dieselfde geld in ons verhouding met die Here. Ons hoor baie gedeeltes van die Bybel oor en oor, maar neem dit nie in nie, want ons brein het dit al gememoriseer. As die prediker dan sy boodskap bring, sluit ons soms af en dwaal ons gedagtes tydens die diens of op watter manier ons ook al die boodskap ontvang. Ons moet egter onthou dat elke prediker se boodskap, al is dit 'n teks wat jy al voorheen gehoor het, 'n ander boodskap weergee as die vorige prediker. Dit kan selfs gebeur dat die boodskap op daardie oomblik vir jou spesifiek bedoel is in die omstandighede wat jy jou mag bevind.

Die Here praat so met ons deur middel van predikers. Dit kan dan ook vir jou meer lig werp oor die spesifieke teks en jy kan dit in 'n ander konteks ervaar as wat jy voorheen gehoor het. Ons is geneig om te dink dat God nie na ons luister en ons gebede beantwoord nie. Dit is egter nie so nie, want God praat met ons deur middel van die Heilige Gees en Sy stem is sag. Daarom moet jou gemoed stil wees om Sy stem te kan hoor. Ek gebruik 'n eenvoudige voorbeeld:

Daar was 'n konfrontasie tussen jou en iemand by die werk. Intussen bel jou man en lig jou in dat hy op die lys is van die wat pakkette gaan kry by sy werk. Jou gedagtes is reeds ontstig deur die eerste voorval, nou vul die tweede geval ook jou gedagtes. Jou gemoed raak vol, want jy kon nog nie eens die eerste probleem uitsorteer nie en die tweede probleem hamer ook in jou kop. Op pad huis toe sit jy in 'n verkeersknoop. Uitgeput kom jy by die huis aan en die kinders is onmoontlik. Jy stap kamer toe en gaan sit net 'n wyle om tot verhaal te kom en stuur 'n skietgebed op na die Here, maar jou gedagtes is nog nie gestil nie en jy voel niks gebeur nie.

Moedeloos klim jy in 'n bad, want jy voel jy wil mal word van alles wat in jou gedagtes maal wat jy nie tot bedaring kan bring nie. As jy 'n rukkie ontspan het in die bad, voel jy of 'n kalmte oor jou spoel en jou gemoed kalmeer. Dit is wanneer die Here intree; Hy kalmeer jou gemoed as jy weg is uit die situasies en jouself onttrek sodat jy stil kan word. Jesus self het Hom menigmale onttrek van skares en selfs Sy dissipels om tot God te bid. Hy het geweet die enigste manier om God se stem te hoor was om Hom te onttrek. So moet ons ook van tyd tot tyd ons onttrek en stil word voor God.

Ek behoort aan 'n gebedsgroep waar ons vir mekaar en ander mense bid. Die gebede word na 'n sentrale punt gestuur en dan as e-posse aan ons gestuur. Soos ek die gebede lees, besef ek hoe elkeen van ons met probleme worstel en antwoorde soek. Van die gebede mag nietig vir ons klink, maar die persoon het die behoefte voor God geplaas as 'n gebed. Dit wys ook vir my hoe mense hulle vertroue in die Here stel vir 'n oplossing vir die probleem of situasie waarin hulle hul tans vind. Ons moet nooit dink dat enige gebed wat ons bid vir Jesus nietig is nie! Vir Hom is enige kommunikasie met jou soos reëndruppels wat val en Hy luister na elke gebed, of dit nou in stilte of hardop is, en luister spesifiek net na jou. Hoe groot en wonderlik is dit nie dat Jesus gelyktydig en aandagtig na elkeen se gebed op die dieselfde tyd kan luister en vir ons intree by God die Almagtige en ons op koers hou nie.

Die vlerke van 'n vliegtuig het flappe wat gestel word om seker te maak dat dit kan opstyg en die hoogte sal kan bereik wat bepaal is deur die lugverkeerbeheersentrum. So doen die Here ook verstellings in ons lewens om seker te maak ons is nog op koers. Die Here verstel ook Sy vlerke sodat Hy ons toevou in moeilike tye en ons onder Sy vlerke kan skuil.

*"Hy sal jou oordek met Sy vlerke, en onder Sy vleuels sal jy skuil; Sy trou sal jou beskerm soos 'n skild" (Psalm 91:4).*

Om seker te maak dat ons koers sal hou, het Hy vir ons verskeie kompasse gegee wat vir ons die rigting sal aandui. Dit is onder andere ons ouers, predikante, pastore, evangeliste, en ander Christene. Hulle sal ons die nodige leiding gee om op die regte roete en koers te bly sodat ons ook eendag ons regte bestemming by God kan bereik. Predikante en pastore studeer lank om die nodige teologiese kwalifikasie te verwerf om vir die Here diens op die aarde te doen. Buiten die teologiese kennis wat hulle opdoen, moet hulle in 'n hegte verhouding met God staan. Dit help nie jy het 'n teologiese agtergrond, maar jou lewe is nie in lyn met dit wat God se

Woord van jou verwag nie. Daarom moet ons ook gereeld vir ons geestelike leiers regoor die wêreld bid. Hulle is ook net mense soos ek en jy en het gebed nodig. Bid vir hulle om die nodige krag, leiding, insig en bewaring van God te ontvang sodat hulle Sy Woord aan elke mens te kan oordra en ander so tot bekering kan bring. Wat Jesus vir ons gedoen het maak ons in staat om self te kan bid tot die Here. Die Heilige Gees sal vir jou die nodige leiding gee om meer te groei en in Sy wil te wandel. Volg die stappe van gehoorsaamheid soos uiteengesit in die Bybel om te groei en geestelik volwasse te word. Die lewe wat jy lei na jy Jesus aangeneem het as jou persoonlike Saligmaker en Verlosser sal bepaal of jou vliegtuig in die lug gaan bly of gaan neerstort.

Die vlieënier het ook 'n medevlieënier wat hom of haar by-staan tydens die vlug en kan oorneem wanneer nodig. Tydens lang vlugte kan hulle beurte maak om rus te kry tot voordeel van die bemanning en passasiers. Die Heilige Gees is die medevlieënier wat deur Jesus aan ons gegee is om saam met ons op ons lewensvlug te gaan. God het vir ons die Heilige Gees gestuur om ons te help in elke aspek van ons lewens om meer en meer soos Jesus te word. Jesus het die dissipels belowe dat die Heilige Gees deur God gestuur sal word om altyd by ons te wees. Ons kan Hom nie sien nie, want Hy woon binne jou en my.

Die Griekse woord vir die Heilige Gees is *Parakletos*. Jesus verduidelik vir ons wat die doel van die Heilige Gees sal wees:

> *"En wanneer die Raadgewer, die Heilige Gees, kom*
> *wat die Vader in my Naam sal stuur, sal Hy julle in*
> *alle opsigte onderrig en julle ook herinner aan alles*
> *wat Ek vir julle gesê het"* (Johannes 14:26).

Die Heilige Gees word dus beskryf as 'n Raadgewer en die Gees van waarheid. Wanneer ons dan na die medevlieënier verwys, is hy of sy dus 'n helper vir die vlieënier. Die medevlieënier is ook 'n helper om leiding te gee as daar probleme met die vliegtuig ondervind word en vind saam met die vlieënier 'n oplossing as daar 'n krisis ontstaan. Die Heilige Gees is dus 'n vriend wat ons help in enige situasie wat ons moet trotseer op dieselfde wyse wat Jesus op aarde vir mense was.

Somtyds moet 'n vliegtuig vir een of ander rede terugkeer na die vorige bestemming of 'n noodlanding maak op die naaste lughawe. Hierdie is nie net 'n vinnige omdraai soos met 'n motor nie. Daar word baie faktore in ag geneem en daar is dan 'n proses wat gevolg moet word om die vliegtuig terug te draai en weer op koers te bring in die rigting waarheen dit moet gaan. Dieselfde beginsel geld as jy vir 'n lang ruk 'n rigting ingeslaan het en 'n omkeer wil maak – dit is nie moontlik om vinnig van koers te verander nie. Jy sal eers 'n proses moet volg sodat jy weer by die punt kan wees waar jy die pad byster geraak het. Jy kan self bepaal of jy weer terug wil kom op die grondslag wat jou ouers vir jou gelê het, en of jy jou eie paadjie wil loop.

Die Heilige Gees sal jou altyd herinner aan die liefde van die Here vir jou. Jy kan hoe ver afgedwaal het, maar sou jy wil terugkeer, sal die Here jou met ope arms ontvang soos die pa van die verlore seun hom verwelkom het (lees die verhaal in Lukas 15:11 – 32). Wat die wonder van die liefde van die Here vir ons is, is dat, sodra jy jou sondes opreg bely en erken, Hy jou dit sal vergewe en dit nooit weer sal ophaal nie.

*"As ons beweer dat ons nie sonde het nie, mislei ons onsself en leef ons nie volgens die waarheid nie. As ons*

*egter ons sondes bely – Hy is betroubaar en regverdig*
*om ons sondes te vergewe en ons skoon te maak van*
*elkeen verkeerde optrede" (1 Johannes 1:8 – 9).*

Geen sonde is te groot vir die Here om te vergewe nie; elke afdraaipad sal Hy weer reguit maak na Hom toe. As jy krom gebuk gaan onder jou sondes, Hy sal jou weer reguit laat opstaan sodat jy weer na die hemel kan opkyk en Hom verheerlik.

*"Ek, ja, Ek alleen, is die een wat julle sondes uitwis. Ek doen dit*
*terwille van Myself en dink nie weer daaraan nie" (Jesaja 43:25).*

Ons vliegtuig is nou op koers en kan ons nou ontspan en die vlug geniet.

# 8     Voeding en rus

Die vliegtuig is in die lug en daar vind nou ander aktiwiteite plaas soos onder andere die bemanning wat met trollies verbykom en etes en iets te drinke aanbied. Sommige lugrederye voorsien gratis etes waar ander weer ekstra daarvoor vra. Met jou kospakkie voor jou, kan ons 'n terugblik gee na die dag toe jy jou hele tas by die kruis neergesit het en aanbeweeg het. Soos jy jou ete op die vlug geniet, het Jesus vir jou 'n kosblik gegee met eetgoed wat jy sou nodig kry vir jou pad vorentoe. Die kosblik wat Jesus vir jou gegee het, is die tipe wat in twee gedeel is (soos skoolkosblikke) vir water en toebroodjies. Dit sal jou padkos vir jou pad vorentoe wees. Wanneer jy dors is, drink jy 'n drankie van jou keuse om jou dors te les. 'n Mens kan net so weer "dors" word en hunker na jou vorige lewenswyse wat vir jou meer opwindend was. Net so kan 'n mens 'n dors kry om terug te keer na jou vorige weë. Jy kan egter na Jesus se woorde aan die Samaritaanse luister:

> "Elkeen wat van hierdie water drink, sal weer dors word. Wie egter van die water drink wat Ek hom gee, sal nimmer as te nooit weer dors word. Die water wat Ek vir hom sal gee, sal 'n fontein word waarvan die water vir altyd sal opborrel" (Johannes 4:13 – 14).

Hier het Jesus gepraat oor mense wat geneig is om terug te keer na hulle ou gewoontes toe, maar Hy verseker ons dat as ons naby Hom lewe, Hy ons die krag sal gee om dit wat ons van Hom vervreem, te oorwin. Die toebroodjies gee Hy nie vir jou met botter gesmeer nie. Nee, jy kan besluit of jy net botter daarop wil hê of nog iets daarmee saam. Soms word produkte gebruik wat al reeds verval het en bederf dit dan jou broodjie (vleeslike werke). Dit kan 'n aanduiding wees dat jy nie die vervaldatum gelees het nie en nou met die gevolge sit. So kan 'n mens onwetend stelselmatig weer terugval op die dinge van jou ou lewe. Bid tot Jesus om vir jou 'n toebroodjie te gee met die vulsel van Sy keuse (geestelike werke en gawes). Dit kry ons net in die Woord van die Here wat jou sterk en versadig maak en aandui hoe jy die weg van die Here moet volg. Die broodjie is 'n aanduiding van die liggaam van Jesus wat gebreek, geslaan en verniel was om aan die einde op die kruis te sterf vir ons sondes.

Saam met die kosblik gee die Here ook vir jou 'n KitKat-sjokolade om jou te herinner om te rus. God het die aarde in ses dae geskape en die sewende dag het Hy gerus.

*"Op die sewende dag was God klaar met alles wat Hy gemaak het en het Hy gerus na al Sy werk. Toe seën God die sewende dag. Hy het bepaal dat dit afgesonder moet word van die ander dae omdat hy op daardie dag gerus het nadat Hy Sy skeppingswerk gedoen het" (Genesis 2:2 - 3).*

Ons raak so vinnig verstrengel in die wilde gejaag van die lewe dat ons nie eens tyd vir rus het nie, wat nog om tyd af te sonder vir die Here. Jesus het selfs mense aangespreek om rustig te wees en tyd by Hom deur te bring. Ons kan hier die voorbeeld van Martha en Maria gebruik. Jesus het gereis na Jerusalem en op pad aangegaan by die huis van Martha. Sy was besig om die kos voor te berei terwyl haar suster by Jesus se voete gaan sit het om na Hom te luister. Martha het gevoel sy doen al die werk en haar suster help nie. Sy kla toe by Jesus en sê:

> *"'Here, lyk dit darem nie vir U onregverdig dat my suster net hier sit terwyl ek al die werk doen nie? Sê sy moet my help.' Jesus het haar egter geantwoord: 'My liewe Marta, jy kwel jou tog oor so baie dinge! Daar is regtig net een ding wat die moeite werk is om oor besorg te wees. Maria het dit ontdek, en Ek gaan dit nie van haar af wegneem nie'" (Lukas 10:40 - 41).*

Daarom het die Here 'n KitKat in jou kosblik gesit sodat jy asem kan skep en 'n ruskans kan vat van jou besige lewe. Die slagspreuk lui juis: "Have a break. Have a KitKat". Om by Jesus se voete te rus, moet jy vir jou 'n dag afsonder en "me-time" saam met Hom spandeer – nie net liggaamlik nie, maar ook jou siel moet tot ruste kom.

> *"Net by God kan ek rustig wag, van Hom kom my verlossing" (Psalm 62:2).*

Die rus sal jou ook liggaamlik en geestelik versterk om weer vir die volgende ses dae aan te gaan met jou lewe. Neem 'n ekstra broodjie vir wie jy op die pad mag raakloop wat ook dalk moeg, honger en dors is.

Daar is op elke vliegtuig 'n toestel wat die vlugopnemer, of in Engels die "black box", genoem word. Hierdie instrument (HAT 5: 2005, bladsy 1326) registreer onvernietigbare inligting omtrent die pylkoers, barometerstand, lugspoed, vertikale versnelling, ensovoorts van 'n vliegtuig in die vlug en is onge-looflik belangrik in 'n ondersoek sou 'n vliegtuigongeluk plaasvind. Die Here het egter nie 'n vlugopnemer vir die vlug saam met Hom nie; Hy werk altyd na die toekoms toe en verspeel nie tyd op die verlede nie. So moet ons ook werklik vergewe as iemand om vergifnis kom vra. Los die verlede by dit wat was en kyk na die toekoms – dit is beslis meer belowend as die verlede waaraan jy in elk geval niks kan doen nie! Jy kan wel in die toekoms nie weer die foute herhaal wat jy in die verlede gemaak het nie. Wanneer jy dan uit al jou omswerwinge terugkeer na jou ouerhuis en aan die deur klop, sal jou ouers jou met liefde terugneem en met tyd sal die verhouding en vertroue tussen julle herstel. Net so staan die Here ook en klop aan die deur van jou hart sodat jy dit kan oopmaak en Hy kan inkom en weer deel van jou lewe kan word.

# 9    Kommunikasie

Die vliegtuig is nou in die lug en op die verlangde hoogte. Met die opstygfase werk die enjins harder en is dit ook meer hoorbaar. Sodra die vliegtuig gestabiliseer is, sal dit voel of dit sweef en die enjins sal ook minder hoorbaar wees. Ons moet ons "vliegtuig" ook stabiliseer sodat dit minder hoorbaar en op die golflengte van die Here kan kom. Soms is ons só besig om te praat en ons gedagtes te vul met allerhande nuttelose dinge dat ons nie God se stem hoor nie. Ons "enjins" moet minder raas sodat ons God se stem duideliker kan hoor. Hy hou daarvan om met ons te praat, maar Hy sal nie inmeng as Hy sien ons is te besig om te luister nie. Hy wag geduldig tot ons Sy stem wil hoor.

Ons God is 'n wonderlike Vader wat weet dat as Hy tot ons wil deurdring, ons gemoedere kalm en rustig moet wees. Ons kan dan die Here ontmoet en tyd saam Hom deurbring. Elia wou ook met God praat en Hom ontmoet. Hy het in 'n grot weggekruip nadat Hy al die profete van Baäl doodgemaak het en Isebel hom wou doodmaak. God het aan Elia verduidelik dat hy na buite moet gaan en wag dat God met hom kon praat. God het soos volg Sy teenwoordigheid bekend gemaak:

*"Na die aardbewing was daar 'n vuur, maar die Here
was nie in die vuur nie. Na die vuur was daar die geluid
van 'n sagte fluistering. Toe Elia dit hoor, het hy sy gesig
met sy mantel toegemaak. Hy het buitentoe, na die
ingang van die grot, gegaan" (1 Konings 19:12 - 13).*

Na al die geraas van vroeër, kon Elia God se stem uitken en
het hy geweet dat God met hom wou praat. Dit geld ook vir
ons – ontmoet God in jou binnekamer waar julle alleen tyd
kan spandeer en nie gepla kan word nie.

Die vlieënier en die lugverkeerbeheersentrum moet ook
gereeld met mekaar kommunikeer om seker te maak dat die
vliegtuig nog op koers is en alles in orde is. Kommunikasie is
een van die belangrikste gedeeltes in 'n vlieënier se opleiding
en om misverstande te voorkom, word daar ongelooflik klem
gelê op radiobeheer en die korrekte terminologie wat gebruik
moet word wanneer daar kommunikeer word.

Ek het eendag 'n video gesien van 'n Duitse soldaat wat op
'n skip die kommunikasie moes behartig. 'n Ander skip wat
in die omtrek was, het probleme ondervind en was besig om
te sink. Die soldaat kon nie mooi hoor wat die kaptein van
die sinkende skip sê nie en het sy eie afleiding gemaak. Die
gesprek het ongeveer soos volg verloop:

"Mayday, mayday, we are sinking! Can anybody hear me?"
roep die kaptein van die sinkende skip.

"Hello, I can hear you. What are you saying?" vra die
Duitste soldaat.

"We are sinking! We need help!" antwoord die kaptein.

"What are you thinking about?" vra die soldaat.

'n Groot misverstand! Ons kan ons maar net indink wat die
gevolge van die gesprek was. Baie ongelukke kan voorkom
word as die kommunikasie net beter was.

Ek kyk gereeld na die program *Air Crash Investigation* op een van DSTV se kanale. Die program handel oor vliegtuie wat neerstort of noue ontkomings gehad het en die ondersoeke daarna. Daar is verskeie lugvaartdeskundiges op die toneel wat inligting versamel wat met die ondersoek kan help en so pluis hul dan uit wat die oorsaak kon wees. In een episode was dit 'n geval van waar die lugverkeerbeheersentrum die verkeerde koördinate aan die vlieëniers gekommunikeer het. Dit het veroorsaak dat daar 'n enorme misverstand ontstaan het tydens die landing en opstyg van die vliegtuig. Die lugverkeerbeheersentrum het 'n berekeningsfout gemaak en die vliegtuig wat moes land en die een wat op daardie oomblik moes opstyg het dieselfde instruksies ontvang op dieselfde oomblik. Dit het gelei tot 'n reuse botsing op die aanloopbaan tussen die twee vliegtuie en verskeie mense is oorlede.

Die is baie belangrik om tydens kommunikasie met ander werklik te luister om seker te maak ons verstaan die instruksies of persoon reg. As ons tydsberekening nie reg is nie, kan ons baie skade berokken tydens 'n gesprek, veral waar advies nodig is. Dit kan wees dat iemand dalk raad soek terwyl jy hom of haar die hele tyd in die rede val en oor jouself praat. Sodoende kon jy nie luister wat die persoon vir jou probeer sê of vertel nie. Ons het twee ore en een mond gekry – dit is om twee keer meer te luister as om te praat.

Die ander kommunikasiegaping word veroorsaak deur die verskeie mediaplatforms wat beskikbaar is. Mense kan nou omtrent enige iets plaas op sosiale media en raad soek of net sê wat hulle op daardie oomblik voel. As 'n mens die kommentaar lees is dit skokkend om te sien hoeveel negatiwiteit daar is en watter absurde raad gegee word. Ons is geneig om vinnig te reageer op iets wat iemand kwytraak op sosiale media en ons lig ons opinies vrylik. Hoeveel misverstande en rusies is nie al veroorsaak tussen vriende of familie as gevolg hiervan nie? Ek bid gedurig dat die Here my sal leer om meer te luister as te praat, en selfs as ek met iemand moet gaan praat of 'n praatjie moet lewer, vra ek Hom vir leiding.

Dieselfde geld as ons iets oordra wat ons gehoor het en dit nie werklik is wat gesê was nie. Daar is selfs predikers wat die Woord van God verkondig en dit lees en interpreteer soos wat hulle dink die gemeente dit wil hoor, en nie soos wat God dit in Sy woord werklik deurgee nie.

> *"Verkondig die Woord van God en hou daarmee vol, of die tyd daarvoor geleë is of nie. Jy moet jou mense met geduld reghelp, weerlê en bemoedig met gesonde onderrig" (2 Timoteus 4:2).*

> *"Hou hierdie wetboek altyd by jou. Dink dag en nag daaroor na sodat jy alles kan doen wat daarin geskryf is. Jy sal dan sukses behaal op pad. Jy sal voorspoedig wees" (Josua 1:8).*

Wanneer iemand teologie studeer, is een van die vakke hermeneutiek, wat Bybelse uitlegkunde beteken. Dit leer predikante en pastore hoe om die Woord van God oor te dra aan die gemeente sodat dit reg verstaan word soos die Bybel dit weergee. Dit is hoekom dit so belangrik is om die Bybel na te gaan as 'n profetiese boodskap aan jou gegee word sodat dit ooreenstem met God se Woord. Baie valse profesieë word uitgespreek om die guns van mense te wen en finansiële gawes van hulle te bekom en daar is mense wat dit slaafs najaag. Wanneer die profetiese woord dan nie gebeur nie, verloor die persoon sy of haar vertroue in die Here en word Hy die skuld gegee omdat dit nie uitgewerk het soos die boodskap ontvang is nie.

> *"Moenie profesieë geringskat nie, maar ondersoek alles wat gesê word en behou wat goed is" (1 Tessalonisense 5:19 - 20).*

Daarom is dit baie belangrik om gereeld jou Bybel te lees en 'n persoonlike verhouding met die Here op te bou en gedurig te bid dat die Heilige Gees jou sal lei en die waarheid aan jou sal ontbloot. Daar is 'n kinderliedjie wat dit baie mooi beskryf:

"Lees jou Bybel, bid elke dag, want dit gee jou krag.

Want dit gee jou krag, want dit gee jou krag.

Lees jou Bybel, bid elke dag, want dit gee jou krag"

(skrywer onbekend)

Ons kan in enige taal bid, want God verstaan elke taal wat daar op aarde bestaan. Indien ons nie weet wat om te bid nie en net dinge sê wat vir onsself nie eers sin maak nie, sal die Heilige Gees dit verwoord en namens ons God nader. Gebed kan op enige manier gedoen word: Kort, lank, afgerammel terwyl ons rondhardloop tussen dagtake, in tye van nood of net uit dankbaarheid. Die Heilige Gees weet wat in ons harte omgaan en tree vir ons in by God met versugting. Daarom is die kommunikasie tussen jou en die Here suiwer, want die Heilige Gees verstaan jou hart en sit jou woorde om sodat dit reg by God uitkom.

*"Die Gees van God help ons ook nog boonop in ons onbeholpenheid. Ons weet immers nie mooi wat en hoe ons moet bid nie, maar die Gees self neem ons gebedsbehoeftes voor God op met versugting wat nie in menslike taal verwoord kan word nie" (Romeine 8:26).*

God se Woord, die Bybel, het deur die jare getrou gebly en is die enigste ware woord. Dit is ook die boek wat wêreldwyd die meeste gelees word in verskillende tale en is 'n ongelooflike gids en padaanwyser vir ons daaglikse lewe.

*"U woord is 'n lamp vir my voete en 'n lig*
*vir my pad" (Psalm 119:105).*

Die Here verskyn ook aan ons sonder dat ons besef dat Hy tussen ons is. Ons lees in die Bybel dat na die opstanding van Jesus, twee dissipels na die dorp Emmaus toe geloop het. Daar het 'n man saam met hulle begin loop. Hulle was nie bewus dat dit Jesus self was nie. Die dissipels was baie hartseer omdat Jesus gekruisig is. Die man het met hulle 'n gesprek aangeknoop en geluister na wat alles gebeur het en hoekom hulle so ontsteld was. Hulle oë is verhinder om Jesus te herken (lees Lukas 24:13 – 35). Hoeveel keer is ons nie besig met gesprekke oor Jesus waar ons nie bewus van Sy teenwoordigheid is nie? Hy het self bevestig:

*"As twee van julle hier op aarde sou saamstem oor enigiets wat*
*julle van God behoort te vra, sal my hemelse Vader dit vir julle*
*doen. Waar twee of drie bymekaarkom omdat hulle my mense*
*is, is Ek immers ook saam met hulle daar" (Matteus 18:19 – 20).*

Al hoor ons nie Jesus se stem nie, luister Hy na ons gesprekke en volg Hy ons waar ons ook al op pad heen is. Ons kan deur 'n moeilike tye gaan of dit kan op 'n vreugdevolle tyd in ons lewens wees. Selfs al staan jy by 'n kruispad in jou lewe, sal Hy onbewustelik vir jou die rigting aanwys en moet jy Hom net vertrou. Ons dien so 'n wonderlike, deernisvolle Vader! Ons moet net leer om Sy stem te hoor en Hom te herken. Jesus sê vir ons Sy skape luister na Sy stem, en hulle ken Hom en volg Hom:

*"Vir hom maak die hekwagter op, en die skape*
*luister fyn na sy stem" (Johannes 10:3) en*

*"Ek verseker julle, Ek is die hek vir die skape" (Johannes 10:7).*

Jesus is teenwoordig in enigiets wat ons ook al mag deurgaan, en kan in enige vorm aan ons verskyn om die pad vorentoe vir ons draagliker te maak. Jy kan jou diepste geheime deel; Hy skinder nie by ander daaroor nie en hou dit vir homself. Waarom vertrou jy ander mense, maar nie vir Jesus nie? Dié God wat die dieptes van elke hart deurgrond, stuur Sy Gees as hulp, dat Hy in harmonie met God se wil vir die gelowiges intree.

*"En ons weet dat God alles ten goede laat saamwerk*
*vir hulle wat Hom liefhet, hulle wat geroep is*
*volgens Sy wil vir hulle lewe" (Romeine 8:28).*

Is dit nie wonderlik nie!

## 10 Jy is op God se radar

Die lugverkeerbeheersentrum monitor elke vliegtuig deur middel van 'n radarstelsel sodat dit op koers bly en die spesifieke bestemming bereik. Die radarstelsel bepaal waar elke vliegtuig elke oomblik in die lugruim is. Dit wys ook vliegtuie in ons lugruim uit wat nie daar mag wees nie sodat onmiddellike aksie geneem kan word. Die Here hou jou ook elke oomblik van jou lewe in die oog. Hy volg jou op Sy radarskerm en sodra daar enige teken is dat jy in nood verkeer of van koers verander, sal Hy jou met liefde terugbring in die rigting waarin jy moet beweeg om Sy doel vir jou op aarde te vervul.

*"Of ek op pad is, en of ek gaan lê, elke oomblik weet U waar ek is" (Psalm 139:3).*

Jesus hou altyd Sy oog op jou en my en soos elke vliegtuig gemonitor word, so monitor die Here ons elke dag.

*"Vlieg ek met die daeraad na die ooste, of gaan woon ek in die verre weste, selfs daar sal U hand my lei en U krag my ondersteun" (Psalm 139:9 - 10).*

Die vlieënier moet gereeld die kontroles monitor en nagaan om seker te maak dat alles nog op koers is en dat daar nie enige noodligte flikker wat aandui dat die vliegtuig 'n probleem ondervind nie. Enige besluite wat die vlieënier neem moet die verlangde resultate lewer om te verseker dat die vlug op skedule is volgens die vlugplan. Ons moet gereeld ons lewens meet aan die vlugplan wat vir ons opgestel is. Wanneer daar 'n afwyking is, moet ons dit dadelik regstel sodat dit later nie 'n groter probleem word en ons nie meer beheer daaroor kan uitoefen nie.

Gedurende die vlug kan die vlieënier, nadat al die nodige instruksies uitgevoer is, die vliegtuig oorskakel na die stuuroutomaat-funksie wat die vliegtuig sonder menslike hulp outomaties beheer en monitor. Hierdie funksie sal outomaties op die aangeduide koers en hoogte bly totdat dit weer afgeskakel word. Hier kan ons die funksie vergelyk met die van 'n kar se spoedkontrole wat geaktiveer word op die langpad om die verlangde spoed te behou. Jy kan dan jou voet van die petrolpedaal afhaal en die spoed wat jy gestel het sal gehandhaaf word totdat jy dit deaktiveer. Die vlieënier kan enige tyd gedurende die vlug die stuuroutomaat aan- of afskakel soos dit vir hom of haar nodig mag wees.

Wanneer die Here sien dat ons besig is om van koers te verander, sal Hy Sy eie metodes gebruik om ons tot stilstand te dwing. Dit kan enige iets wees wat veroorsaak dat ons ons batterye kan herlaai en Hom weer kan vind. Hy maak seker dat ons op stuuroutomaat is sodat Hy beheer kan neem oor ons lewens en ons meer bewus kan maak van wat werklik belangrik in die lewe is. Die Here weet vir watter doel ons elkeen geskape is en daarom sal Hy enige omstandighede of metode gebruik om ons tot op die vlak te bring waar ons moet wees. Hy sal ons help om weer horisontaal te beweeg in die rigting wat Hy vir ons beplan het. Indien jy op 'n spesifieke punt in jou reis kom en besef jy het jou kompas verloor en die pad byster geraak, kan jy net in opregtheid tot God bid om weer vir jou 'n kompas en rigting te gee. Weereens sal Hy oorneem en oorskakel na stuuroutomaat sodat Hy beheer kan oorneem. Hy sal jou weer op koers kry en herstel sodat jy weer jou pad geleidelik terug na Hom sal vind.

Daar kom tye wanneer die vlieënier die medevlieënier vra om beheer oor te neem. So het die Here ook vir ons 'n medevlieënier, die Heilige Gees, gestuur nadat Hy opgevaar het na die hemel. Hierdie medevlieënier is deel van die drie-enigheid en is na ons gestuur om leiding te gee en as raadgewer op te tree. Hy kan totaal en al ons lewens oorneem en ons help om standvastig te bly tot Jesus weer kom om ons te kom haal.

Die vliegtuig sal aanhou vlieg op die hoogte wat vasgestel is tot verdere instruksies. Om seker te maak dat vliegtuie nie in mekaar vasvlieg nie, is daar vir elke vlug sekere hoogtes aangedui waarvolgens dit moet vlieg. Die hoogtes kan beïnvloed word deur die temperatuur, lugdruk, weersomstandighede en lugleegtes. 'n Mens sal die verskil in die temperatuur en lugdruk in die vliegtuig voel soos wat dit deur verskillende lugsones vlieg.

Soos die vliegtuig instruksies kry om sekere hoogtes te vlieg, word ons van kleins af deur ons ouers geleer waar ons grense is en dat as jy dit oorskry, daar gevolge is. Hierdie grense is nie om jou te straf of te weerhou om voluit te lewe nie, maar is daar sodat jy, as jy lugleegtes (mislukkings) in jou lewe ervaar, nie neerstort nie, maar jou vlerke kan optel en terugvlieg na die hoogte waar jy weer jou vlerke kan sprei en vlieg. Soos die lewe jou in verskillende rigtings in stuur, sal jou ouers altyd daar vir jou wees en sal jy altyd 'n tuiste hê om na terug te kom. Die sanger, Manie Jackson het 'n pragtige lied geskryf oor 'n ouer wat 'n kind die wêreld in stuur. Die koorgedeelte van "Sprei jou Vlerke en Vlieg" lui as volg:

"Sprei jou vlerke wyd en vlieg nog hoër, my kind.

Onthou vir altyd die band wat ons twee bind.

Dan sal jy weet dat ek altyd aan jou dink.

Jou toekoms wink waar die sterre blink"

## 11 Omvou deur Sy vlerke

Soms gebeur daar iets wat heeltemal onbeplan was, en om op koers te bly, moet die vlieënier dan sekere besluite neem. Die vlieënier is ervare, nie net deur sy of haar opleiding nie, maar ook deur persoonlike ervarings wat hy of sy deur hul loopbaan gehad het. Daarom weet 'n vlieënier hoe om in elke situasie waarin hy of sy hulself mag vind, op te tee. Elke vliegtuig is toegerus met onder andere 'n handleiding indien daar 'n meganiese fout mag voorkom en daar is ook in groter vliegtuie 'n vliegingenieur wat verantwoordelik is om die fout op te spoor en reg te maak. Die passasiers se lewens is gedurende die vlug in die hande van die vlieënier en hul moet absolute vertroue in hom hê dat hulle veilig na hulle bestemming sal reis.

Die Bybel is die handleiding wat jou inlig waar jou "vliegtuig" besig is om van koers te verander of hoe jy 'n fout kan opspoor en regmaak. Is dit nie fantasties nie? Geen vliegingenieur is nodig nie; die handleiding is tweedelig en gee aanwysings én die rigting aan as ons afdwaal. Ons kan met die grootse vertroue ons lewens volkome in die hande van die Here plaas, want Hy is in beheer en sal ons deur alle omstandighede dra en uitlei na veiligheid. Daar was al baie gevalle waar 'n voël met die opstyg, of tydens 'n vlug, teen 'n vliegtuig se voorruit of selfs in die skroef van die enjin beland. Wat ook al die geval – dit veroorsaak baie skade en dan is die vlieënier genoodsaak om 'n noodsein na die lugverkeerbeheersentrum te stuur sodat toestemming verkry kan word om te kan land om die skade te bepaal.

Wanneer 'n vliegtuig 'n noodlanding moet uitvoer, word die nooddeur, sodra dit veilig is, geopen, en die noodglyer, of glybaan, geaktiveer sodat passasiers na veiligheid kan gly. Dit lyk amper soos die opblaas-glybane by vakansieoorde of kinderpartytjies.

Dit gebeur dat ons "vliegtuig" soms getref word deur een of ander noodtoestand, en ons dit dan nodig ag om 'n nood-landing te doen. Ons sal tot die Here bid om Sy nooddeur vir ons te open om uit die situasie te kom. Soms sien ons nie die reddingsboei nie en dan verdrink ons in ons eie sorge. Ons reddingsboei is Jesus Christus wat aan die kruis vir ons gesterf het en alles op Hom geneem het. Dit is die beste en duurste reddingsboei, en daarom kan ons net vertrou op Hom en alles in Sy hande plaas. Die verskil van Jesus se redding is dat Hy ons in liefde terugverwelkom, en as dit nodig is om ons tereg te wys, doen Hy dit sonder om ons te verneder.

*"My kind, jy moet dit nie geringskat as die Here jou dissiplineer nie. Moenie ontmoedig word as Hy jou aanspreek nie. Die Here dissiplineer juis die mense vir wie Hy lief is, Hy tug elkeen wat Hy as kind aanneem" (Hebreërs 12:5 - 6).*

Daarteenoor is ander geneig om ons te help, maar daarna gereeld op ons foute en verlede te wys. Hulle sal dit selfs aan ander oorvertel om jou te verneder. Wie se reddingsboei sal jy wil aanvaar?

Nadat die passasiers almal veilig ontruim is, sal hulle na veiligheid gelei word waar hulle sal wag tot daar alternatiewe reëlings getref kan word. Indien die vliegtuig nie vinnig herstel kan word nie, sal daar van 'n ander vlug gebruik gemaak word om hulle verder na hulle bestemming te neem. So gebeur dit in ons lewens dat ons in 'n onverwagse krisis beland waar die uitkoms onmiddellik moet wees, selfs in so 'n mate dat ons angstig en verbouereerd raak. Dit is dán wanneer ons na ons binnekamer moet gaan en bid vir uitkoms sodat Hy vir ons kan intree en ons op 'n ander "vliegtuig" kan plaas wat ons weer na ons regte bestemming sal neem.

Die Bybel is vir ons as handleiding gegee om ons in enige situasie te help of leiding te gee en ons word daarvolgens opgevoed. Baie mense gryp vinnig na die handleiding, die Bybel, in tye van nood om weer rigting te kry. Daarna gaan baie maar net weer voort met hul lewens tot hulle die volgende noodsein moet uitstuur. Die Here gebruik baie keer ook situasies in ons lewens om ons terug te laat keer na Hom toe sodat Hy ons kan herstel en weer vlieggereed kan maak vir ons volgende vlug.

Ons lewenspad is nie altyd maanskyn en rose nie; ons kry ook ons goeie en slegte tye, vreugdes en terugslae. Soms dwaal ons van die roete af en dan bring Jesus (ons Vlieënier) ons weer terug, want Hy is in beheer van ons lewens en ons is veilig in Sy hande. Wat so wonderlik is, is dat die Here ons nie elke keer wanneer ons 'n noodgebed stuur, herinner daaraan dat ons nie Sy Woord getrou gevolg het nie. Hy sal antwoord wanneer ons roep, want Hy sit en wag vir ons gebede, nie net in tye van nood nie, maar ook in tye van dankbaarheid. Hy wil met elkeen van ons 'n persoonlike verhouding hê soos 'n ouer met sy of haar kind.

# 12 Satan, die kaper

Daar was al talle gevalle waar kapers hulself voorgedoen het as passasiers op 'n vliegtuig. Hulle lyk net soos enige ander persoon, maar hul motiewe word eers duidelik wanneer die vliegtuig reeds opgestyg het. Hulle neem dan die vliegtuig oor en gee aan die vlieënier bevele en instruksies wat by hulle planne inpas. In die meeste gevalle dwing hulle die vlieënier om van koers te verander en na 'n ander bestemming te vlieg.

Die kaper kan gesien word as Satan en hy kan voorkom in verskillende vorms en kan selfs 'n lid van jou gesin wees of 'n kollega. Hy laat jou gewoonlik rustig voortgaan met jou lewe en wanneer jy heeltemal die pad byster raak kom jy eers agter dat jy nou sy weg in plaas van God s'n volg. Hy ken elkeen van jou swak punte en gebruik dit om jou van koers te bring. Satan praat oortuigend en het die nodige kennis om jou te oorreed dat wat jy doen reg is, want hy weet jy sal weg van God se veilige beskerming beweeg.

Die slang (Satan) was listiger as al die diere wat die Here God gemaak het. Kyk net hoe het hy vir Eva oortuig om van die boom van kennis, goed en kwaad te eet en so uit die paradys verban word. Die gesprek was soos volg:

*"'Is dit regtig so?' vra hy vir die vrou. 'Het God regtig
gesê julle mag niks van die vrugte in die tuin eet nie?'*

*'Natuurlik mag ons van die vrugte eet,' sê die vrou. 'Dis net
van die vrugte van die boom in die middel van die tuin wat ons
nie mag eet nie of selfs aan raak nie, anders sal ons sterf.'*

*'Julle sal nie sterf nie!' sis die slang. 'God weet dat
julle sekere dinge te wete sal kom wanneer julle
daarvan eet. Julle sal dan net soos God alle kennis
hê.' Dit het die vrou oortuig"* (Genesis 3:1 - 6).

Sien, hy vra 'n vraag om die reaksie daarvan te sien, dan vul
hy sy vraag aan met bietjie meer bevestiging sodat 'n mens
onseker voel en begin twyfel. Satan sal sommer dan nog 'n
motivering bysit en jou só oortuig dat dit wat jy doen reg is.
Hy is 'n groot manipuleerder en hy het presies geweet watter
vrae om vir Eva te vra om haar te laat twyfel in haarself.
Hoeveel keer het dit nie al met jou gebeur dat jy iets doen
wat vir jou reg klink, maar wat jou tog onseker laat voel het
nie? En al het die stemmetjie in jou jou gewaarsku, het jy nog
steeds daarmee voortgegaan. Baie keer was dit 'n fout wat jy
begaan het waaroor jy later spyt was en nou nog die gevolge
dra. Sommige mense gee God die skuld en sê Hy het hulle
verlei of versoek. Jakobus beskryf dit soos volg:

*"Wanneer iemand iets verkeerds wil doen, moet
hy nie sê: 'God verlei my' nie. Ons weet mos God
kan nie verlei word om verkeerd te doen nie, en
Hy verlei ook niemand nie"* (Jakobus 1:13).

My pa het altyd gesê dat as jy twyfel, dit klaar 'n teken is
dat jy dit nie moet doen nie. Wanneer ons iets wil doen en

nie seker is of dit van God kom nie, moet ons bid vir wysheid en Sy leiding en insig in die situasie kry. Wat ons altyd moet onthou, is dat God niks op ons pad sal stuur wat ons sal seermaak, verneder of vernietig nie, en so kan ons onderskei of dit van God of van Satan af kom. Hy is 'n God van liefde en wil vir ons net die beste gee.

Satan is ook so slinks om, nadat jy gefaal het, sy rug op jou te draai en te maak of hy niks daarmee te doen gehad het nie. Hy sal egter vinnig weer sy verskyning maak as hy sien jy het vergifnis van God ontvang en is vergewe vir jou dade. Dan begin hy weer in die verlede delf om iets te kry waarmee hy jou kan afpers en sodoende wysmaak dat Jesus nie al jou sondes vergewe het nie. Satan is ook baie lief om altyd ou koeie uit die sloot te gaan haal waarvan ons liefs wil vergeet. Kyk maar net na al die goed wat hy daar neergooi – dis al so oud en sommige geraamtes is al so verouderd dat dit in stukke breek as jy dit optel. Sommige dele van die geraamte kom nie eens meer bymekaar uit nie. Dit gebeur baie keer in tye wanneer jy floreer en weer in 'n goeie verhouding met die Here staan. Satan val jou aan met sy leuens en maak jou wys dat die Here nie na jou gebede luister nie en dat jy verniet probeer om in die hemel te kom. Die Here vra ons om te vergeet van al die dinge wat in die verlede gebeur het en om vorentoe te kyk:

> *"Vergeet al die dinge wat in die verlede gebeur het. Dis niks in vergelyking met wat Ek nou gaan doen nie. Ek gaan iets nuuts doen. Dit het alreeds begin gebeur!" (Jesaja 43:18 – 19).*

Die Here hou nie boek van die kwaad wat jy gedoen het nie; Hy vernuwe jou en jou denke en dit begin die oomblik wat jy jou sondes bely en Hom aangeneem het. Indien jy wel val vir Satan se slimstories en slinkse planne sal dit daartoe lei dat jou vertroue in die Here afgetakel word, maar wees altyd verseker dat Jesus jou weer sal optel.

Elke besluit wat ons neem het 'n rimpeleffek in ons lewens. Dit beteken ons kan ander ook mislei soos ons mislei is om dinge te doen wat verkeerd is. Daar is baie voorbeelde, soos onder andere by die gebruik van dwelms. Iemand oortuig jou om dit net één keer te probeer en dan, as jy nie daarvan hou nie, dit te los. Dit is 'n leuen; as jy eers dwelms gebruik sal jy weer daarna soek, want dit gee jou ontvlugting van jou omstandighede. Die effek wat dit op jou het sal uitsprei na jou gesin, vriende en familie.

Die ander voorbeeld is om 'n skinderbek te wees. Elke storie wat jy hoor vertel jy oor sonder om die feite bymekaar te kry. Die verspreiding van jou weergawe kan baie mense se lewens vernietig. 'n Mens moet waak teenoor wat jy sê en wat jy versprei. Woorde wat jy gespreek het, kan jy nooit weer terugkry nie, of dit goed of sleg was. Daar is sommige predikers wat selfs die Woord van God só verdraai dat hulle verheerlik word en nie God nie, en so word die hele gemeente op 'n dwaalspoor gelei en selfs gemeentelede só manipuleer dat hulle te bang is om iets te doen wat die prediker of gemeente kan ontstel. Die wonderlike boodskap wat ons egter nooit moet vergeet nie, is dat die Here die dag toe jy jou tot Hom bekeer het, reeds al jou sondes vergewe het en nie meer daaraan dink nie. Die Here weet omdat ons sondaars is, is ons geneig om terug te val en Hy het ons so lief dat Hy ons elke keer terugneem, sonder om ons daaraan te herinner dat ons weer gefaal het. Al wat jy moet doen is om jouself te vergewe en dit dan agter jou te sit.

In tye van onsekerheid moet jy Satan herinner aan Jesus, jou Verlosser, wat Sy bloed vir ons gegiet het toe Hy vir ons sondes aan die kruis gesterf het. Satan sal jou uitlos as hy sien dat jy vasstaan in jou geloof en 'n ander slagoffer gaan soek totdat hy later weer sal probeer. Sê vir die Satan in duidelike terme dat jy nie vir sy verleiding en leuens val nie. Jou lewe is ryk en vol genoeg van God se genade en liefde en jy het nie Satan se teenwoordigheid nodig nie. Jy wandel in God se wil en is aan Hom alleen gehoorsaam, en slegs aan Hom wil jy lof en eer bring deur lofprysing en sang. Die Bybel sê duidelik vir ons dat as ons Satan weerstaan, hy van ons sal wegvlug:

> *"Wys dus dat julle van God afhanklik is deur na Hom te luister. Weerstaan die duiwel en hy sal van julle af wegvlug" (Jakobus 4:7).*

Satan weet presies waar jou swak punte is, en al probeer jy hoe hard om daarvan weg te wyk, sal hy altyd iets probeer om jou van koers af te bring. Die wonderlike wete is dat God vooraf kennis het van Satan se planne met jou, en omdat God jou uitgekies het, sal Hy jou nie verlore laat gaan nie. As jy na God roep sal Hy tot jou redding kom en jou uit Satan se hande verlos. Die geheim is dat Satan jou lewe kan beheer, maar geen invloed op jou gebede het nie. Dit maak hom woedend om iemand te hoor bid, want hy weet hy kan nie daardie kanaal beïnvloed of onderbreek nie.

Om staande te bly teen die listigheid van die Satan, moet ons God se gevegstoerusting aantrek. In Efesiërs 6:12 – 17 verduidelik Paulus dat ons stryd nie teen mense is nie, maar teen die bose magte in die hemelruimtes. Daarom beveel hy aan dat ons die gevegstoerusting van God daagliks aantrek om weerstand te kan bied teen die bose aanvalle. As vrees jou dus oorval, moet jy onthou dat die Here, die Almagtige die enigste Een is wat jy moet vrees.

> *"As julle Hom vrees hoef julle vir niemand anders bang te wees nie" (Jesaja 8:13).*

# 13    Die landingsproses

Die vliegtuig is nou naby sy bestemming en die vlieënier lig die passasiers in sodat daar die nodige voorbereidings getref kan word vir die landing. Die lugwaardin sal dan opdrag gee dat almal hulle veiligheidsgordels moet vasmaak sodat niemand beseer word tydens die landing nie. Wanneer die vliegtuig onder normale omstandighede land, sal die nodige toestemming verleen word aan die vlieënier om die landing uit te voer. Die vlieënier sal die vliegtuig gereedmaak vir die landing deur laer te begin daal totdat die aanloopbaan in sig is. Daar was al gevalle waar die vliegtuig met 'n hoër spoed as wat voorgeskryf is die aanloopbaan genader het en dan het die aanloopbaan te kort geword vir die landing.

Die Here gee ons ook 'n landingstrook vir ons lewe; dit is ons lewenspad van die einde tot die begin. Die landing sal partykeer vlot verloop, maar ander tye sal daar spoedhobbels wees wat jou bietjie terughou. Jou "vliegtuig" kan die landing suksesvol voltooi of jy kan die aanloopbaan se lengte onderskat en sodoende die vliegtuig afskryf. Jy kan ook 'n tweede kans in die lewe kry en weer opstyg, omdraai en 'n suksesvolle landing uitvoer. Hoe jy jou lewe leef gaan bepaal hoe jou landing aan die einde van jou lewe gaan verloop. Gaan jy veilig by Jesus eindig, of gaan jy die ewigheid mis deur jou "vliegtuig" af te skryf? Almal van ons het al 'n afdraaipad gevat en die verkeerde weg ingeslaan en ons geluk om die ander plekke gaan soek, maar daar is geen rede hoekom jy nie kan omdraai en 'n verandering in jou lewe kan maak nie. God sal jou die krag gee om dit wat jou van Hom af weghou, te oorwin. Hy is saam met jou in alles wat jy doen.

> *"Moenie bang of huiwerig wees nie. Die Here jou God*
> *is saam met jou in alles wat jy doen" (Josua 1:9).*

Jy kan dus enige iets oorwin as jy na God toe gaan vir hulp. Hy sal jou die nodige wilskrag en vasberadenheid gee om wat ook al jou vasvang en vernietig, te oorwin. Daar is 'n lied wat gesing is deur Cathy Viljoen met die woorde:

"Waar is jou vreugde, voel jy belas? Is jy vermoeid? Jesus gee krag.

Is jy eensaam en voel jy alleen? Vertel dit aan Hom, want krag sal Hy gee.

Hef op jou hande, verhef jou stem. Vra vir Jesus, wat jy wil hê.

Hy gee jou vrede. Die ewige lewe.

Vir wie op Hom wag, gee Jesus krag"

Ons lees gereeld in die nuus of beleef self hoe jong mense in die strik van dwelms trap, veral in hulle tienerjare, die storm-agtige jare waar hulle deur verskeie emosionele tye gaan en nog nie weet hoe om dit te hanteer nie. Dwelms word aan hulle gegee met die versekering dat dit hulle sal laat goed voel en dat hul niks sal oorkom nie. Dit is daardie één keer se gebruik wat 'n lewenslange verslawing kan veroorsaak. Dit verwyder hulle van hul huidige omstandighede en plaas hulle in 'n ander wêreld sonder bekommernis. Dit is dieselfde wanneer iemand alkohol gebruik om van sy of haar omstandighede weg te kom. Elke keer moet meer gedrink word totdat dit in 'n verslawing ontaard. Daar is nog vele ander maniere wat ons kan gebruik om te ontvlug van ons omstandighede. Jesus kan jou help as jy Hom net vertrou! Hy is ons enigste betroubare bron van hulp en sal ons nooit daarvoor verwyt nie. Jy word wel nie oornag verlos en genees nie, en sal 'n paadjie moet stap tot genesing. Sien dit as die aanloopbaan wat jy daar voor sien om op te land, maar elke keer net-net mis. Jy kán verlos word van jou verslawings en weer voluit lewe!

So kan God ook enige siekte genees as dit Sy wil is. Dit was in my geval ook so tydens my kankerbehandeling. Elke keer wanneer ek gedink het dis verby, moes ek hoor dat ek weer behandel moet word en so het dit vir sewe jaar aan en af gegaan. Die Here het my gebed verhoor en deur 'n operasie is ek genees van my kanker. Dit kon vroeër al gedoen geword het as dit die Here se wil was. As ek op my pad terugkyk, was daar mense vir wie ek ondersteun het en wie my ondersteun het, en so het baie goeie vriendskappe ontstaan en het my geloof ook gegroei. Ons moet nooit ophou glo in die Here se genesing nie! Dit maak nie saak wat die uitkoms is wat Hy vir ons beplan het nie – dit sal alles ten goede uitwerk! Wanneer alles om jou donker voel en jy nie die aanloopbaan se liggies kan sien om te land nie, gaan op jou knieë en vra vir Jesus om jou oë te open sodat jy die ligte kan sien en Hy sal jou krag gee om jou omstandighede te oorwin en veilig te land. Jy voel uitgebrand en moeg vir die lewe en mis dan die landingstrook se einde. Gedurende hierdie tyd is jy soms geneig om die verkeerde doelwitte wat jy aan jouself gestel het, te mis. Jy kom dan tot 'n punt waar jy besef dat jy nie so kan aangaan nie. Jou "vliegtuig" moet dan daal na die vlak waar jy rigting verloor het sodat jy die drade kan optel en met minder spoed deur die lewe kan gaan. Die Bybel leer ons om te werk en te rus; dit moet gebalanseerd wees anders is jou lewe uit verhouding.

*"Tog is 'n hand vol met rus beter as twee hande vol met moeite en 'n gejaag na wind" (Prediker 4:6).*

In die geval waar die aanloopbaan se afstand onderskat is, sal die vlieënier baie aspekte in ag neem en binne sekondes besluit om nie die kans te vat om te land nie, maar eerder verby te vlieg en weer te probeer. Die besluit word binne sekondes geneem en die vlieënier moet ook 'n opname doen om die beskikbare brandstof te bepaal en of daar nie dalk ander vliegtuie is wat ook moet land nie. Nadat 'n vinnige beraming gemaak is, sal die vliegtuig die nodige toestemming kry om weer te probeer land. Dit gebeur gelukkig baie min, en die meeste vliegtuie land die eerste keer veilig by hul bestemming. Hierdie keer sal die spoed betyds verminder word om seker te maak dit stop voor die einde van die aanloopbaan. Die vliegtuig sal land in die landingstrook wat aangedui is deur die lugverkeerbeheersentrum.

Wanneer jy jouself in 'n doodloopstraat bevind, het dit tyd geword om verby te vlieg en om te draai sodat jy jou berekening kan doen om vas te stel wat vir jou belangrik is: Die Here of die wêreld. Hy het vir elkeen van ons 'n goeie lewe in gedagte, en wil ons laat land op die plek wat Hy op aarde vir ons gemaak het – die landingstrook wat Hy vasgestel het – en al wat Hy vra is dat ons Hom sal vertrou en al die eer gee.

Jona is 'n goeie voorbeeld van iemand wat net 'n koers ingeslaan het om weg te kom van sy Christelike verpligting teenoor God. Hy het probeer wegvlug van die Here om nie die opdrag uit te voer wat aan hom gegee is nie. Hy het op 'n skip geklim na 'n ander plek en gedink Hy kan so wegkom van die aangesig van die Here. Die uiteinde was dat die Here hom deur 'n vis laat insluk het om hom tot besinning te bring sodat hy die opdrag kon uitvoer wat vir hom gegee is. (Lees die Bybelboek Jona).

Wanneer jy wêreldse goed najaag, is jy besig om weg te vlug van jou Christelike plig om God te dien en nie Mammon nie. Sodra jy tot die Here bid en vergifnis vra en terugkeer na Hom toe, sal Hy jou "vliegtuig" weer terugstuur na die aanloopbaan toe sodat jy weer koers kan kry en die lewe kan geniet wat Hy vir jou uit genade gegee het, nie omdat jy dit verdien en dit misbruik na jou wense nie.

*"En as God aan mense rykdom en besittings gee, en die vermoë om dit te geniet, is dit ook 'n geskenk uit Sy hand. Hulle kry min tyd om te dink oor hulle lewe, want God maak hulle dae vol blydskap" (Prediker 5:18 - 19).*

Die Here maak gebruik van verskillende metodes om ons toestemming te gee vir 'n noodlanding. Dit kan mense wees wat op jou pad gestuur is wat jou ondersteun of dit kan selfs wees dat jy vir 'n kort tydjie behandeling in 'n kliniek moet ondergaan. Dit maak nie saak hoe die Here jou noodroep na Hom hanteer nie – Hy sal die beste uitkoms vir jou gee sodat jou "vliegtuig" veilig op die "lughawe" van Sy keuse kan land totdat dit herstel is en jy weer kans sien vir die lewe en opstyg om jou vlug te voltooi. Net soos die beheerkantoor volgens die lugvaartwet opdragte deurgee en uitvoer, so sal die Here vir jou deur middel van die leiding van die Heilige Gees leer hoe om jou lewe te leef.

Wanneer die vliëenier regmaak om te land, sal hy of sy op die bestemde tyd die vliegtuig se wiele laat uitkom sodat dit in die regte posisie is vir die landing. Die oomblik wanneer die wiele die landingstrook raak, hoor mens gewoonlik 'n harde rukgeluid soos die skokbrekers inskop om die gewig van die vaartuig te hanteer sodat dit in die regte posisie gehou kan word tydens die landing. Dit voel amper soos wanneer 'n kar oor 'n spoedhobbel ry, net baie kragtiger. Dit is interessant hoe die landingstoerusting ontwerp is om so 'n massiewe passasiersvliegtuig veilig op die aanloopbaan neer te sit. Wanneer die vliegtuig in die donker land, sal die aanloopbaan vanuit die lug gesien kan word as gevolg van die ligte aan weerskante daarvan. Dit gee aan die vlieënier 'n aanduiding waar die aanloopbaan se begin en einde is. Ons kan die ligte sien as die waarheid van God se Woord wat vir ons 'n lig op ons lewenspad is

> *"Julle lewe was vroeër nag! Nou egter, deur julle verbondenheid met die Here, is julle inderdaad die ene lig. Leef dan soos mense van die lig" (Efesiërs 5:8).*

Die vliegtuig het drie stelle wiele wat elkeen hul eie funksie tydens die landingsproses het, maar tog 'n eenheid is. Soms, wanneer omstandighede moeilik is, het mens iemand buite jou familie of vriendekring nodig om jou weer perspektief te gee en te ondersteun sodat jy weer rigting in die lewe kan kry. Dit sluit onder andere sielkundiges, predikante, pastore, evangeliste en ander geestelike leiers in wat bereid is om jou te help om weer jou weg terug te vind na die Here.

Die landingstoerusting is ontwerp om ondersteuning te verskaf vir 'n bepaalde gewig wat dan die voorgeskrewe landingsgewig en landingskok per vliegtuig kan absorbeer met die landingsproses. Dit wys weereens watter absolute ingenieurskennis tydens die ontwerp van 'n vliegtuig betrokke is. Dit is wonderlik om te weet dat die Here ons met baie detail geskape het en só ontwerp het dat ons ook met die nodige "landingstoerusting" die gewig op ons skouers kan dra en die skokke van die lewe kan hanteer en veilig kan land. Dit help ons ook om sodoende staande te kan bly wanneer ons deur moeilike tye gaan en ons voel ons nie meer kan nie.

Jou liggaam bestaan uit verskeie bene en spiere wat die raamwerk is waarop die liggaam gebou is. Net soos 'n vliegtuig 'n kombinasie van toerusting het om die landingproses te kan beheer, so het God dit beskik dat daar verskillende lede in ons liggaam sal wees en elkeen hulle eie plek in die liggaam sal hê, soos Hy dit goedvind. Die kuitspiere is onder andere die liggaam se skokbrekers. Die mens is die enigste lewende wese wat sulke goeie skokbrekers het en dit stel ons onder meer in staat om lang afstande te hardloop, te kan spring, en vele meer.

In 1 Korintiërs 12:14 – 26 beskryf Paulus dat die liggaam nie net uit een lid bestaan nie, maar uit baie lede en alhoewel daar baie is, daar net een liggaam is en daarom is dit belangrik dat ons die liggaam wat God aan ons gegee het oppas en volgens Sy wil lewe. Ons moet dit nie vernietig met allerhande sondes en verkeerde handelinge nie. Wanneer daar dan lugleegtes in ons lewens kom, sal ons vas kan staan en nie wankel nie. Ons is geskape om alles te kan hanteer wat die lewe ons bied, of dit goed of sleg is. Die Here weet wat elke mens kan hanteer en sal jou nie bo jou kragte versoek nie, en indien jy versoek word ook die uitkoms daarvoor gee.

*"Onthou die versoekings wat oor jou pad kom, is nie uniek nie; ander ondervind dit ook. God is getrou. Hy sal keer dat die versoeking te sterk vir julle word. Midde-in die versoeking sal Hy vir 'n uitweg sorg sodat julle kan verduur" (1 Korintiërs 10:13).*

Dit is jou keuse hoe jy elke situasie wil hanteer en hoe jy jou lewe wil leef. Wil jy jou lewe vernietig, of jou vlerke sprei en vlieg? Sprei jou vlerke en vlieg en verkondig die Woord van God uit dankbaarheid vir al die seëninge en gawes wat jy mildelik uit die hand van die Here ontvang.

# 14  Lugleegtes en donderstorms

Wanneer ons lugleegtes gedurende 'n vlug beleef is dit partymaal vreesaanjaend en kan benoudheid mens oorval. Alle passasiers gaan deur benoude emosies wanneer dit gebeur en dit is interessant om die mense rondom jou se gesigsuitdrukkings en reaksies te sien wanneer tydens hierdie benoude oomblikke. Vrees is gewoonlik die eerste emosie op almal se gesigte. Die troos is dat dit nie vir altyd aanhou nie en dat die vliegtuig weer stabiel sal raak. Gelukkig is daar ervare vlieëniers wat in beheer is van die vliegtuig en wat presies weet hoe om die situasie te hanteer.

Die medepassasiers op die vlug kan gesien word as vriende of familie wat voorheen saam met jou op jou lewensvlug was. Daar was voorspoed en teëspoed tydens hierdie vlug en elkeen se bydrae in jou lewe het jou gevorm. Die oomblik wanneer jy 'n "lugleegte" in jou lewe ervaar sal jy agterkom hoe hierdie persone reageer en optree. Dié wat jou in hierdie tyd verlaat het, is nie jou vriendskap werd nie, maar dié wat jou uit hierdie "lugleegte" gehelp het om jou "vliegtuig" weer te stabiliseer en op koers te kry is die ware vriende en familie. As Christene weet ons dat die vlieënier van ons "vliegtuig" ons deur die "lugleegtes" vashou en deur dik en dun by ons staan. Hy is die mees ervare vlieënier en sal ons weer ophelp en die regte pad aandui. Dawid was die bekendste koning wat deur baie lugleegtes in sy lewe gegaan het. Hy het geweet wie hom haat en hom wou vernietig, selfs sy eie seun Absalom. Dawid het elke keer geweet dat hy net sal oorwin as hy naby aan die Here lewe.

*"Maar God is my Helper. Die Here ondersteun my!" (Psalm 54:6)*

Daar kan ook lugleegtes in ons lewens ontstaan as gevolg van ons loopbane en gejaagde lewens. Jy kan op die kruin van jou loopbaan jou werk verloor as gevolg van die ekonomie wat onstabiel is. Jy kan siek word en maande se behandeling ontvang terwyl jou lewe verlore gaan. Dit help nie om in depressie te verval as hierdie lugleegtes jou tref nie, want dit sal dit net vererger. Glo en vertrou altyd dat hierdie moeilike tye ook een of ander tyd verby sal gaan, want verewig sal dit beslis nie aanhou nie! Gedurende tye soos hierdie, ontdek mens gewoonlik meer van jouself, jy kry nuwe idees om 'n inkomste te genereer of aan te vul en jy kan selfs talente ontdek waarvan jy nie eens geweet het nie! Ons besige lewenstyle neem ons lewens só oor dat ons die deel van ons lewe waar ons God se gegewe talente moes ontwikkel, heeltemal mis. Ons spandeer eerder elke moontlike deel van die dag om ander gelukkig en ryk te maak.

*"Benut elke geskikte geleentheid, want ons lewe*
*in slegte tye. Moenie ondeurdag optree nie, maar*
*probeer uitvind wat God se wil is" (Efesiërs 5:16).*

Wanneer ons tot ruste kom en die onnodige dinge in ons lewens uitsny, sal ons "vliegtuig" weer stabiliseer en sal ons in beheer van ons lewens wees. Bly op koers deur jou kompas van eerlikheid te gebruik om te bepaal waar jy jou nou in die lewe bevind en waarnatoe jy op pad is.

Daar kom soms tydens 'n vlug donderstorms voor wat gepaardgaan met hewige wind, reën en hael. Die vlieënier is opgelei om in alle omstandighede te kan vlieg en weet hoe om die donderstorms te vermy of hoe om deur die storm te vlieg. Gedurende stormweer sal die vlieënier moet besluit teen watter spoed hy of sy moet vlieg om 'n laer vlugverhouding te handhaaf as waarteen hy of sy gewoonlik sou vlieg. Hierdie besluitnemingsproses sluit in die evaluering van die vlieënier in beheer, die vliegtuig, die omgewing en die optrede om 'n akkurate persepsie van die vliegsituasie te handhaaf.

Elkeen van ons beleef verskillende weersomstandighede tydens ons lewe op aarde. Daar sal gereeld sterk donder-storms wees en die manier hoe jy dit hanteer sal bepaal of dit gaan uitwoed of meer intens word.

Net soos die vlieënier beheer moet neem van die vliegtuig, so moet jy ook jou emosies beheer in moeilike omstandig-hede. Die omgewing waarin jy jou bevind sal ook bepaal hoe jy gaan optree. Kalmeer eers en dink voor jy reageer. Om net daardie paar minute ekstra asem te haal sal jou gemoed stilmaak en keer dat jy 'n uitbarsting het wat net meer skade sal aanrig. Bid tot die Here om jou te leer om jou emosies in bedwang te bring en jou woede te beheer. Daar is 'n pragtig lied wat dit baie mooi vir ons uitbeeld:

> "As die lewensstorme woedend om jou slaan
> en jy gans ontmoedig vrees om te vergaan,
> tel jou seëninge – tel hul een vir een
> en jy sal verbaas wees oor wat God verleen"
> (skrywer onbekend)

Tydens die res van die vlug is dit nodig vir die vlieënier om aan te hou bepaal of die uitslag van sy of haar besluite wat gedurende die vlug geneem is, die gewenste resultate lewer soos beplan is. Die vlieënier se vermoë om effektiewe besluite gedurende 'n vlug te neem word bepaal deur sy of haar fisiese en sielkundige spanningsvlakke. Dit sluit aan by die vorige verduideliking om eers jou emosies in bedwang te bring voor jy reageer. In ernstige situasie sal die uitwerking van jou reaksies wees soos jou geestelike toestand en emosionele intelligensie. Leef naby aan die Here en jy sal Sy beskerming voel die oomblik wanneer jy onrustig of benoud voel. Die Here sal die situasie laat uitwerk soos dit Sy wil is vir jou lewe. Om net op jou eie insig staat te maak en besluite te neem sal op 'n ramp afstuur.

> "Vertrou op die Here met alles wat jy het. Moenie staatmaak op jou eie insigte nie. Vra na die wil van God in alles wat jy doen. Hy sal die regte pad vir jou wys" (Spreuke 3:5 – 6).

Net so gaan ons ook soms deur donker tye waar ons byvoorbeeld aan depressie in verskillende vorms ly. Alles voel dan negatief en donker en sien jy nie kans om aan te gaan nie. Jy mag dalk voel dat jy niks werd is nie en wonder hoekom jy op aarde geplaas is. Dit verhoed jou om die Here se plan vir jou lewe voluit te leef.

Dit is juis dan wanneer jy moet vashou aan wat God vir jou gedoen het. Wanneer ek deur sulke donker tye gaan, herinner ek myself dat dit my emosies is wat praat en dat God my verstaan en by my is en dat ek beter sal voel deur die krag wat Hy vir my gee. Ek besef dat ek 'n doel op aarde het – God se doel!

*"Deur wat Christus gedoen het, het ons ook deel van*
*God se eie volk geword. Ons was vooraf daartoe bestem!*
*Dit was God se doel! Hy het alles laat uitwerk soos*
*Hy dit beplan en wou gehad het" (Efesiërs 1:11).*

Is dit nie wonderlike woorde nie? Dit maak nie saak hoeveel afdraaipaaie jy geneem het nie, God bring jou altyd terug na Hom en Hy weet van jou! Ek kan nie genoeg Sy liefde vir ons beklemtoon nie; dit is te veel vir woorde! Hy het ons hier op aarde geplaas om ons vlerke te sprei en te vlieg, nie om op 'n hopie te gaan sit en onsself te bejammer nie. Dit is juis wat Satan wil hê ons moet doen. Hy vergiftig ons gedagtes en maak ons sodoende depressief en nutteloos. Hy wil hê ons moet onbelangrik voel en vertel ons dat dinge nie vir ons sal uitwerk soos ons graag wil hê dit moet nie.

Jy kan jou gedagtes beheer deur weerstand te bied teen Satan se aanslae. Die oomblik as jy iets negatiefs in iets positiefs omsit, verbeter dit hoe jy op daardie oomblik voel. Dit kos net één noodgebed na die Here om jou te help om 'n noodlanding te doen en eers 'n kans weg van jou omstandighede te kry sodat jy weer krag kan kry om verder te gaan. Wanneer jy in gesprek is met die Here deur middel van gebed, is dit nie nodig vir jou om jouself te identifiseer of te beskryf wie jy is nie. Die Here weet wie jy is en ken jou persoonlik, want Hy het jou geskape en daarom kan jy enige tyd met Hom gesels oor enige iets.

Hy sal aan jou gebedsversoek voldoen en voorsien soos net Hy weet wat goed sal wees vir jou en ook op Sy tyd. Ek het jare gelede 'n goeie verduideliking gelees van hoekom die Here nie altyd vir ons gee wat ons wil hê of ons tyd nie: As jy 'n sesjarige seuntjie het en jy het 'n kannetjie petrol, sal jy dit vir hom gee? Nee, want jy weet hy sal skade daarmee aanrig. As hy jou op agttienjarige ouderdom 'n kannetjie petrol vra, sal jy dit vir hom gee? Ja, want jy weet hy kort dit vir sy kar of motorfiets (onbekende outeur).

Net so sal die Here weet as Hy vir jou iets gee en wanneer dit vir Hom geleë is, soos byvoorbeeld 'n werk wat jy graag wil hê by 'n maatskappy van Sy keuse.

Moenie moedeloos raak as dinge nie op die tyd kom wanneer jy dit wil hê nie. God sien die toekoms en ons sien net die hede.

Die fondasie waarop jy jou lewe gebou het, sal bepaal hoe goed jou skokbrekers werk en hoe jou landing gaan plaasvind. Sommige mense kan nie die teleurstellings of mislukkings hanteer nie en verval in depressie of soek ook die maklike uitkoms van selfmoord. Die storm begin weer om jou woed. Soms beland jy op 'n pad wat so breed is soos 'n aanloopbaan en kan jy enige rigting in beweeg sonder dat jy ingeperk word. Dit gee aan jou die vryheid om jou lewe na jou wil te leef sonder om vasgevang te voel en sommige van ons verloor die Here in hierdie vryheid wat nie perke het nie. Hy waarsku ons egter teen die breë en die smal weg in Sy Woord:

> "Gaan die koninkryk deur die nou poort binne. Want wyd
> is die poort, en breed is die pad wat na ondergang lei,
> en daar is massas mense wat daar ingaan. Hoe bitterlik
> nou is die poort, en hoe smal is die pad na die lewe nie!
> Min is die mense wat dit kry!" (Matteus 7:13 - 14).

Wanneer jy dus jou "vliegtuig" neersit op 'n "aanloopbaan", moet jy verseker wees dit is die aanloopbaan wat lei na jou Hemelse Vader. Onthou, die lewe het sy goeie en slegte tye en ons almal gaan een of ander tyd daardeur. Jy is nie alleen nie! Moenie dat teleurstellings of terugslae jou "vlugplan" beïnvloed nie. Erken dat jy foute gemaak het en sien dit as 'n leerskool. Staan op, stof jou "vliegtuig" af en sprei jou vlerke en begin weer vlieg. Jesus sê vir ons dat Hy die lig vir die mensdom is en as ons Hom aanhou volg sal ons nooit in duisternis leef nie, maar sal die lig hê wat lewe gee (samevatting uit Johannes 8:12).

# 15    Die tuiskoms

Nadat die vliegtuig geland het, beweeg dit so gou moontlik vanaf die aanloopbaan na die terminaal waar dit sal parkeer. Die vliegtuig kan nie met 'n spoed daarnatoe beweeg nie en daarom sal die vlieënier dit versigtig in die rigting van die lugverkeerbeheersentrum laat beweeg en tot stilstand bring sodat die passasiers die vliegtuig kan ontruim. Trappe sal by die deur van die vliegtuig geplaas word sodat die passasiers veilig kan uitbeweeg na die bagasie se ontvangsarea om vir hulle bagasie te wag. Die roteerband sal begin beweeg soos die bagasie uit die vliegtuig gelaai word en op die band geplaas word. Dit sal al in die rondte gestuur word totdat al die passasiers hulle bagasie ontvang het. Sodra jy jou bagasie sien, moet jy dit van die roteerband af haal, anders gaan dit weer in die rondte. Jy mag nie iemand anders se bagasie neem nie, want dit is nie jou eiendom nie. Soms is ons geneig om ander mense se bagasie saam te neem en dit raak dan ons probleem. Dit is nie jou bagasie nie, los dit op die roteerband en wag vir jou eie! Jy het genoeg bagasie om te dra en het nie nog tyd om ander se bagasie deur te soek en te probeer uitsorteer nie.

Net soos die roteerband het ons ook verskillende siklusse in ons lewens. Dit is baie keer dieselfde emosies wat oor en oor in ons gedagtes opduik en ons bly dit voed, daarom herhaal dit heeltyd en word ons sodoende leeggetap.

Begin daardie bagasie uitpak en ligter maak, want dit mergel 'n mens net uit en jy kan in elk geval niks daaromtrent doen nie. Los dit in die verlede en in die hande van die Here en jy sal ligter deur die lewe kan gaan.

Sodra jy jou bagasie gekry het, sal jy na die terminaal se uitgang beweeg. Daar sal jou geliefdes vir jou wag om jou te verwelkom. Indien jy vir 'n besigheidsgeleentheid na 'n land of stad gevlieg het, sal jy deur iemand onbekend ingewag word. Jou naam sal dan op 'n bordjie geskryf staan sodat die persoon wat jou moet kom kry weet jy sal hom of haar vind deur die skare. Die Here wag ook elke dag geduldig vir jou op die lughawe. Soms gaan jy by 'n ander uitgang uit sodat jy die Here kan vermy, maar Hy het 'n bordjie met jou naam op en wag totdat jy by die regte uitgang uitkom en Hom raaksien. Hy nooi jou uit om na Hom te draai sodat Hy jou as Sy kind die pad kan aanwys. Hoor Sy stem vandag en draai terug na Hom.

Dit gebeur dikwels dat iemand met sy of haar aankoms in 'n land nie die nodige visums en dokumentasie het om verder te vlieg of in daardie land te wees nie. In sulke gevalle word die persoon dan direk weer op 'n vlug terug na die land van herkoms gesit en kry 'n ander tuiskoms as wat hy of sy normaalweg sou kry as hulle die nodige toestemming gehad het. Nadat jy deur 'n land teruggestuur word na jou eie land gaan die aankoms gewoonlik gepaard met ondervragings oor hoekom jy 'n vlug onderneem het sonder die nodige dokumentasie en hoe dit moontlik was dat jy toegelaat is om dit te doen. Daarna sal jy toegelaat word om die terminaal te verlaat.

Hierdie omdraai- of afdraaipad kan jou lewe ontwrig en daarom wil Jesus jou ontmoet sodat Hy vir jou die weg kan wys na God toe. Hy wil vir jou die nodige "dokumentasie" gee sodat jy nie weggewys word by die hemel nie.

> *"Dan sal ek vir hulle antwoord: 'Julle was nog nooit werklik my mense nie. Gaan weg van My af! Julle het nie gedoen wat voor God reg is nie'" (Matteus 7:23).*

Duidelik wys Jesus hier vir ons dat ons Sy Woord moet bestudeer en Hom moet leer ken anders gaan Hy ons nie ken op die dag van oordeel nie. Hy leer ons dat ons op die verkeerde "lughawe" is as Hy nie daar is om ons te verwelkom nie. Soos die pa wat vir sy verlore seun gewag het en, toe hy hom sien nader kom, na hom toe gehardloop het uit blydskap, só wag die Here met opwinding vir jou en kan Hy nie wag om jou te omhels van blydskap nie.

> *"Oorweldig met liefde en deernis het hy na sy seun toe gehardloop, hom omhels en gesoen" (Lukas 15:20).*

Die Here volg ons "vlug" vandat dit opgestyg tot dit geland het. Daarom moet ons aanhou om die wedloop van die lewe te hardloop. Ons moet dit doen met geloof en vertroue en net ons oë vasgenael hou op Jesus vanaf geboorte (die wegspringpunt) tot die vlug voltooi is (ons afsterwe).

> *"Kom ons hardloop met volharding op die baan wat voor ons uitgestrek lê, ons oë vasgenael op Jesus die Een op wie ons geloof vanaf die wegspring tot by die eindstreep steun" (Hebreërs 12:1 - 2).*

Nadat die vliegtuig geland het en al die passasiers dit verlaat het, moet die vlieënier die vlugplan opdateer met al die relevante inligting van die vlug. Enige probleme wat dalk voorgekom het moet ook aangeteken word. Dit word dan ingedien by die lugverkeerbeheersentrum wat al die nodige dokumentasie sal nagaan en dan die vlug as voltooi afmerk. Eers wanneer jy die vlug voltooi het, kan jy jou werklike opinie oor die vliegtuig en diens gee. Elke persoon sal 'n vlug beskryf soos hulle dit ondervind het en daar sal verskeie scenario's en terugvoer wees. Hierdie inligting kan 'n lugredery goed of sleg maak en sodoende bepaal of mense daarvan sal gebruik maak of nie.

Dit is dieselfde wanneer jy iemand ontmoet en eers tyd saam met die persoon moet spandeer voor daar 'n werklike opinie van die persoon gevorm kan word. Dit wat jy na julle ontmoeting oorvertel van die persoon kan die persepsie wat iemand anders van hom of haar het, heeltemal verander. Dit is baie belangrik om seker te maak dat dit wat jy oordra van een persoon na 'n ander nie skinderstories is wat iemand benadeel nie. Dit is soms beter om jou opinie eerder vir jouself te hou as om iemand anders se "lugredery" skade aan te doen sodat "passasiers" nie weer wil gebruik maak van hul diens nie. Daarom moet jy as Christen só lewe dat God verheerlik word en nie mense wegdryf van Hom nie.

> *"Dit is God se wil dat julle goeie gedrag die mense wat uit onkunde van julle kwaadpraat, sal stilmaak" (1 Petrus 2:15) en "Julle moet alle mense respekteer. Julle moet al die lede van die huisgesin van God lief hê. Betoon ontsag aan God" (1 Petrus 2:17).*

Leef dan so in vrede met ander dat jou lig uitstraal en God daardeur verheerlik kan word.

# 16 Tandem

As ons na die vliegtuie met kleiner motors kyk, sien ons dat dit meer vir persoonlike gebruik is of om mense die lug op te neem om valskerm te spring. Hierdie tipe vliegtuie se landingsplek is op kleiner vliegvelde en dit is selde dat dit op groter, internasionale lughawens toestemming kry om te land. Wanneer ons na die kleiner vliegtuie kyk, is dit opmerklik dat dit nie toegerus is met soveel sitplekke soos passasiersvliegtuie nie. Indien hierdie vliegtuie vir valskermspring gebruik word, vlieg dit net op die hoogte soos dit per sprong aangedui word. Om alleen valskerm te kan spring moet jy eers die nodige opleiding ontvang en ook leer hoe om jou valskerm te pak. Dit is nie iets wat jy sommer sal aandurf as jy nie die nodige kennis en insig het om alleen te kan spring nie. Van die gewildste valskermspronge is die tandemsprong waar jy saam met 'n ervare valskerminstrukteur 'n sprong uitvoer. Daar word ook eers 'n kort kursus op die grond gedoen om jou te leer hoe om saam iemand te spring en wanneer wat te doen sodat jy en die instrukteur veilig kan land. Die persoon wat van die tandemsprong gebruik maak, vertrou die instrukteur met sy of haar lewe.

Soms wil ons hoër vlieg as die toelaatbare hoogte vir die sprong en ons eie koppe volg, want ons dink ons het nou genoeg opleiding om self te kan spring en ons eie lewenspad te volg. Daar is 'n mooi lied, "Don't Fly too High" wat gesing is deur Joanna Field met die woorde:

> "Don't fly too high my little bird, 'cause if you try you may get hurt.
>
> You will burn your wings when you reach for the sun"

Die Here leer ons om tevrede te wees met dit wat ons het en dit is nie nodig om die instruksies van die instrukteur te verontagsaam en in 'n ander vliegtuig te klim wat jou van hoër af sal laat spring sonder 'n instrukteur nie. Wanneer ons dan sien ons het 'n fout gemaak en terugkeer na die Here, sal Hy ingryp en ons weer na die regte hoogte neem waar Hy weet ons sal floreer totdat dit tyd is om hoër te gaan. Die Here is ons instrukteur en ons is vasgegordel aan Hom om te verseker dat ons veilig en op die plek wat vir ons bestem is, sal land. Dieselfde geld wanneer ons ouers vir ons lewensriglyne geleer het en grense gestel het om ons te leer om nie ons vingers te verbrand nie. Die Bybel leer ons ook om binne die grense van ons ouers se opvoeding te bly, want dan sal ons altyd in lyn wees met die Here se wil.

> *"Moenie grensdrade verskuif wat jou voorouers opgerig het nie" (Spreuke 22:28).*

Ons ouers sal ook uitwys en met ons praat as ons vriende het wat die verkeerde "instrukteurs" vir ons "spronge" wil wees.

Nie almal van hierdie "instrukteurs" gaan jou veilig laat land nie; jy moet geanker bly in die Here om te kan onderskei wie goed is en wie jou ondergang wil sien.

*"My beste vriend wat ek vertrou het, wat saam my geëet het, selfs hy het sy rug op my gedraai" (Psalm 41:10).*

Die Here is egter die enigste betroubare vriend wat jy kan kry. Hy sal jou nooit in die steek laat nie ook sal Hy jou in tye van nood bystaan en die wegvlug nie. Die Here verskaf nie altyd vir ons net plek op 'n passasiersvliegtuig nie, maar wil ons gebruik op kleiner vliegtuie as instrukteur vir ander, en daar kan dalk nie eens 'n sitplek wees nie. Sodoende wys die Here vir ons dat Hy ons nie almal op dieselfde maniere gebruik nie. Daar is vir elke tipe vliegtuig, helikopter, ruimtetuig en watter vlieënde voorwerpe daar ook al is 'n ander tipe vlieënier en 'n instrukteur wat die opleiding verskaf sodat jy veilig kan spring en ook veilig kan land.

Onthou, die Here is lewenslank aan jou verbind soos met 'n tandemsprong, en Hy hou jou styf vas, al besef jy dit nie altyd nie. Wanneer jou "valskerm" verstrengel raak (wanneer die lewe jou oorweldig), is Hy die instrukteur wat jou help om dit te ontknoop en jou weer veilig in die lug te hou sodat jy veilig sal land.

Jy kan nie die lewe sonder Hom leef nie; jy is gedurig in 'n tandemposisie waar Hy jou leidsman is.

Die instrukteur sal jou die nodige opleiding en instruksies gee oor wat gedoen moet word sodra julle uit die vliegtuig spring. Die Woord van die Here het baie instruksies wat jou uit enige situasie sal lei en Jesus ken die Woord van God baie goed, want Hy is deur God opgelei sodat Hy die werk van Sy Vader op die aarde kon voltooi. Indien jy later alleen 'n sprong wil aanpak, is dit op jou eie verantwoordelikheid. Die Bybel gee jou die instruksies hoe om te lewe volgens die wil van God. As jy dit getrou navolg, sal jy veilig land in die Hemel soos Jesus belowe het. Jesus het dit vir ons duidelik gestel dat ons nie by God kan uitkom as ons Hom nie erken en gehoorsaam is aan Hom nie.

*"Ek is die pad en die waarheid en die lewe. Niemand kom by die Vader uit behalwe deur My nie" (Johannes 14:6).*

Wanneer jy dus 'n tandemsprong wil uitvoer, moet jy seker maak dat jy die regte instrukteur het wat jou veilig sal terugbring aarde toe. Ons word as babas deur ons ouers gedra en versorg totdat ons op 'n stadium in ons lewens kom waar ons self kan loop en die basiese dinge in die lewe self kan doen. Daar kom ook 'n stadium waar jy met jou eie lewe moet aangaan, maar nog steeds die ondersteuning van jou ouers nodig sal kry. Die Here is altyd daar vir jou en al het Hy opgevaar na die hemel, het Hy nog steeds vir jou die nodige ondersteuning gelos om jou leiding te gee in die vorm van die Heilige Gees.

*"En Ek sal die Vader vra en Hy sal vir julle 'n ander Raadgewer stuur om vir altyd by julle te wees, dit is die Gees van die waarheid" (Johannes 14:16 - 17).*

Dit wys ons dat die Here altyd 'n instrukteur vir jou het om jou op die regte pad te hou en dat jy net moet stil word en luister na Sy stem, want dan sal jy weet watter hoogte toelaatbaar is vir jou om vanaf te spring, en wanneer jy eerder op Moeder Aarde moet bly. Ons moet egter nie die Heilige Gees misken en Hom bedroef nie, want dit is waar die waarborg lê dat ons God se verlossingsdag sal belewe.

*"Ja, moenie God se Heilige Gees hartseer maak nie. In die regte verhouding met die Heilige Gees lê die waarborg dat julle God se verlossingsdag sal belewe" (Efesiërs 4:30).*

Wanneer ons die drie-enigheid misken, maak ons die Heilige Gees hartseer. Soos 'n tandemsprong nie sonder 'n valskerm, instrukteur en jouself gedoen kan word nie, so is God ons Vader, Jesus Sy Seun wat gestuur is om vir ons sondes te sterf, en die Heilige Gees, ons raadgewer, ook een, en dit is die ware geloof.

Die valskerm word so verpak dat dit deur middel van die trek van 'n tou oop kan skiet en jou laat sweef tot op die aarde. Net so is ons ook met talente geskape wat van elkeen van ons 'n unieke wese maak en hierdie talente moet ons tot alle eer van God gebruik. Indien jy dit nie gebruik nie, kan dit van jou weggeneem word en aan ander gegee word.

*"Aan hulle wat dit wat aan hulle toevertrou is goed gebruik, sal nog meer gegee word. Ja hulle sal oorvloed hê. Maar van hulle wat niks kan wys nie, sal selfs die bietjie wat hulle het ook nog weggeneem word" (Matteus 25:29).*

Die Here sal jou bekwaam om dit te bereik in die lewe wat Hy in jou pad gelê het. Jou droom is dalk om 'n motorrenjaer toe word, en al oefen jy al jare lank voel dit nie asof jy jou droom bereik nie. Ewe skielik kry jy 'n posisie in die wêreld van motorwedrenne waarvan jy nie eens gedroom het nie. Dit was dus nie bedoel vir jou om 'n renjaer te wees nie, maar jy is meer waardevol en bruikbaar vir die maatskappy as 'n bestuurder. God gee altyd die beste vir Sy kinders en weet presies waar jy inpas om die beste diens vir Hom te kan lewer. Hy weet waar jy tot eer van Hom sal wees en nie sal uitsak deur verkeerde keuses en besluite en Hom daardeur langs die pad verloor nie. Dit wys ons dat die Here nie almal gebruik om in vol kerke te preek of skares te trek na byeenkomste nie – jy kan in die werk wat jy doen vir God tot diens te wees en sodoende siele vir Hom wen.

Jy voel dalk dat jy nie genoeg doen vir die Here nie, maar net jou optrede, houding en aksie kan klaar 'n aantrekkingskrag wees sodat mense dit wat in jou is, ook wil bekom. Paulus leer ons duidelik die Gawes van die Heilige Gees. Jy sal die Gawe ontvang van die Heilige Gees soos wat God dit vir jou toe deel.

*"Daar is 'n hele verskeidenheid geestelike gawes, en tog kom hulle van dieselfde Gees. En daar is 'n hele verskeidenheid bedienings, maar ons dien dieselfde Here. Daar is talle aktiwiteite in die gemeente, maar dit is dieselfde God wat al hierdie dinge kragtig in ons almal aktiveer. Elkeen van ons ontvang 'n manifestasie van die Gees om die gemeente te bevoordeel. Aan die een gee die Gees die bekwaamheid om goddelike wysheid te verkondig, aan 'n ander gee Hy die gawe van spesiale kennis. Aan iemand anders gee hierdie selfde Gees 'n heel besondere geloof, aan nog een gee Hy gawes van genesing, aan 'n volgende een die vermoë om wonders te verrig, aan 'n ander die gawe van profesie, aan nog een die vermoë om te onderskei tussen geeste, aan iemand anders die gawe van praat in tale, aan nog een die bekwaamheid om die tale uit te lê. Dit is een en dieselfde Gees wat al hierdie gawes bewerk en wat aan elkeen uitdeel soos Hy dit goedvind"* (1 Korintiërs 12:3 - 11).

Bid tot God om jou te wys watter gawe jy gekry het as jy dit nog nie ontdek het nie. Al wen jy een siel vir die Here, juig die engele in die hemel.

# 17　Herstelwerk

Elke vliegtuig moet na 'n seker aantal vlugure gediens word, of in die geval van skade, gestuur word vir herstelwerk en daar is 'n spesifieke area op 'n lughawe vir hierdie dienste. Die werkswinkel is toegerus met 'n stoor wat elke part aanhou wat nodig gekry kan word. Hier word die parte sorgvuldig gemerk, en daar word boekgehou waarvoor dit benodig word en aan wie dit gegee is. Aflewering van nuwe produkte word ook hier aangeteken en op 'n stelsel ingevoer.

Die vliegtuig kry ook 'n diensrekord om te bepaal wat gedoen is en wanneer. Dit is handige inligting indien daar 'n vliegongeluk is en die oorsaak daarvan bepaal moet word. Dieselfde geld by die diensrekord van 'n motor, en dit kan handig te pas kom indien die motor verkoop word. Ons moet in ag neem dat ons ook 'n diensrekord het en dat ons gereeld vir herstelwerk moet gaan indien dit nodig is.

Daar kom 'n tyd in ons almal se lewens waar ambisie ons dryf na hoër hoogtes en dan begin lewensbesluite en om-standighede ons oorweldig. Jy kry nie meer tyd vir jou gesin of selfs tyd saam met God nie. Net so word daar druk van alle kante op ons kinders geplaas, selfs ouers wat onnodige druk op kinders toepas om te presteer. Later voel almal so uitgebrand dat niemand meer weet wat reg of verkeerd is nie, en baie keer verval ons dan in 'n depressie of kry ons selfs 'n senuwee-ineenstorting en beland in sommige gevalle in 'n inrigting om te herstel. Daar is verskeie gedeeltes in die Bybel waar 'n gejaagde lewe aangespreek word. Ek haal Prediker 4:4 aan:

> *"Ek het toe opgemerk dat die meeste mense sukses*
> *najaag omdat hulle afgunstig is op ander mense.*
> *Dit is alles sinneloos, 'n blote gejaag na wind."*

Daar is niks fout om sukses te behaal deur harde werk nie. Dit word egter sonde as jy dit doen om selfsugtige redes of ten koste van iemand anders se lewe of geluk. Soos om 'n weegskaal te balanseer sodat albei kante ewe veel gewig dra, moet daar 'n balans gehandhaaf word. Daarom moet daar net soveel rus wees as wat 'n mens werk om sodoende jou lewe te balanseer. Wanneer die Here sien dat jou "weegskaal" neig om na die een kant te kantel waar jy van Hom verwyderd geraak het, sal Hy jou "vliegtuig" stuur na die werkswinkel om jou te herstel en jou kragte op te bou sodat jy weer reg is vir die volgende vlug.

> *"Hy gee krag aan die wat moeg is. Hy maak die magteloses*
> *sterk. Selfs jong mense raak uitgeput en afgemat. Baie*
> *jong mense struikel en val" (Jesaja 40:29 – 30).*

Net soos vliegtuie en motors jaarliks gediens moet word, is dit belangrik dat jy dit ook moet doen sodat jou "vliegtuig" nog reg kan vlieg. Jou dokter of spesialis sal ook rekord hou van jou besoeke en aanteken wat voorgeskryf is en watter behandeling voorgestel is. Dit word jou diensrekord. Dit kan selfs wees dat dit nodig is om verwys te word na een of ander inrigting sodat jy kan herstel. Wanneer jy nie na jou liggaam omsien nie, kan dit nie net 'n effek hê op jou daaglikse lewe nie, maar ook op jou geestelike lewe. Jy kan só oorwerk en uitgeput wees dat jy nie meer tyd wil spandeer of aandag wil gee aan Bybelstudie of die kerk se aktiwiteit nie. Dit is een van Satan se aanslae om jou weg te lei van God se doel vir jou op aarde en jou te verhoed om voluit te lewe.

*"As jy die wêreld tevrede wil stel, het jy klaar stelling ingeneem as vyand teen God" (Jakobus 4:4).*

Dit is baie belangrik in die lewe om onderskeid te tref tussen wat belangrik is en wat nie. Jou gesin is die belangrikste in jou lewe en hulle sal jou eendag mis as jy nie meer daar is nie, nie jou werkgewer nie ...

Wanneer vliegtuie skrape en skade opgedoen het sal dit na die paneelklopper gestuur word. Die gedeeltes waar daar skrape en klein gedeeltes is wat krake in het, sal dan met spesifieke tegnieke herstel word deur onder andere 'n lagie verf daaroor te verf of 'n stukkie metaal in te las om die gekraakte gedeelte wat 'n lelike merk aandui, te verbloem. Dit is ook so in ons lewens. Die seer en skade wat ander mense aan jou gedoen het word ook net bedek met 'n lagie verf. Die seerplekke in 'n mens se hart word soms net met 'n glimlag toegesmeer sodat mense dit nie kan sien nie. Letsels van skade deur die jare kan blywend wees en die res van jou lewe beïnvloed. Daarom is dit so belangrik dat ons betyds gaan vir "paneelklopwerk" soos om byvoorbeeld 'n sielkundige of spesialis te besoek om die skade te herstel. Moenie te trots wees om te herken dat jy hulp nodig het nie. Dit sal baie jare tot jou lewe voeg as daar betyds aan jou liggaam en siel aandag gegee word.

Wat dit so wonderlik maak is dat Jesus, ongeag jou liggaamlike of geestelike toestand, jou nie sal veroordeel nie.

Hy verseker ons dat Hy ons weer sal herstel en dat ons net die seer en laste na Hom toe moet bring sodat Hy ons weer heel kan maak. Jy is soveel meer werd as wat jy besef!

*"Hy sal 'n geknakte riet nie verder afbreek nie" (Jesaja 42:3).*

Daar kom 'n stadium wanneer 'n vliegtuig nie meer geskik is vir vlieg nie. Dit word dan na 'n skrootwerf geneem vir parte vir ander vliegtuie of kan selfs in 'n museum eindig. Elkeen van ons bereik 'n stadium in ons lewens waar jy ouer is en nie meer kan aangaan soos jy in die verlede gedoen het nie. Dit is nie net jou liggaam wat agteruitgaan nie, maar ook jou breinfunksie. Dit klink baie skrikwekkend, maar sodra 'n mens begin erken dat jy nie meer is wie en wat jy was nie, sal jy vrede vind en jou lewe daarvolgens aanpas en jou oudag geniet sonder verwyte oor jou verlede. Jy sal jou vlerke sprei en vlieg na 'n nuwe tydperk in jou lewe – 'n wonderlike nuwe toekoms. Om te kan oud word, is 'n voorreg, en daarom moet jy dit net so geniet soos jy jou jongdae geniet het.

*"Grys hare is soos 'n koning se kroon, 'n mens kry*
*dit by persone wat reg lewe" (Spreuke 16:31).*

Jong mense moet geleer word om ouer mense te respekteer. Die samelewing laat dit nie meer toe dat jy 'n senior persoon met respek behandel nie. Daar word meer en meer in die werksomgewing veranderings gedoen wat senior werkers eenkant toe skuif sodat die jonges hulle plekke kan inneem. Dit het 'n groot sielkundige en finansiële inpak en veroorsaak onnodige spanning, daarom moet kinders veral in hierdie tyd meer aandag aan hulle ouers gee om hulle deur hierdie proses te lei.

*"Bewys jou eerbied vir God deur op te staan in die
teenwoordigheid van oumense en bewys respek vir
bejaardes. Ek is die Here" (Levitikus 19:32).*

Wanneer jy in 'n posisie is om finansieel aan jou ouers op hulle oudag te voorsien, moet jy dit met liefde doen en nie met verwyte nie. Jy is vandag daar omdat hulle vir jou opofferings gemaak het en hulle verdien dit om 'n goeie oudag te beleef. Soms is jou lewe dalk te besig om te bel of om jou ouers, oupas en oumas te besoek, want die soeke na geld en roem neem die wêreld oor. Dit is net nog 'n manier van Satan om die nageslag te vervreemd van die opdrag wat God in die Tien Gebooie aan Moses gegee het:

*"Behandel jou ouers met respek. Jy sal dan lank en gelukkig lewe
in die land wat die Here vir jou gee om in te bly" (Eksodus 20:12).*

Dit gebeur ook dat 'n mens na 'n inrigting (weens siekte) of 'n aftree-oord moet gaan omdat jy nie meer selfversorgend kan wees nie. Dan kry 'n mens die gevoel dan jy is nie meer waardig is vir die samelewing nie en net wag vir die einde van jou lewenspad. Jy kan selfs voel dat God jou verlaat het. Dawid het ook tot God geroep om hom nie te vergeet nie. Hy het dalk ook gevoel hy is niks meer werd omdat hy oud is nie. Dawid praat met God soos volg:

*"Moenie my eenkant toe stoot noudat ek oud geword het nie.
Moenie my verlaat wanneer my kragte afneem nie" (Psalm 71:9).*

Jy moet nie toelaat dat jou ouderdom in jou pad staan om die lewe ten volle te geniet nie. Elke fase in jou lewe moet jy met positiwiteit benader en jy lewe aanpas sodat dit vir ons

makliker is om normaalweg aan te gaan, met al ons tekort-
kominge. Ons moet ons aftrede in iets positiefs verander en
ons ook sielkundig daarvoor voorberei. Party mense stel hulle
brein so in dat as jy na 'n aftreeoord gaan jy nou in die laaste
fase van jou lewe is. Jy mag dalk in 'n aftreeoord wees, maar
daar is nuwe uitdagings en selfs avonture wat op jou wag.
As jy dit met 'n positiewe gesindheid benader, sal jy makliker
aanpas en jou voete vind. Gebruik die ervarings en kennis in
jou lewe om jong mense se lewens te verryk.

Volgens my word daar heeltemal te min van senior burgers
of afgetredenes gebruik gemaak om byvoorbeeld lesings by
opvoedkundige instansies aan te bied of genooi te word om
betrokke te raak en jong mense ambagte te leer.

Maak jouself beskikbaar waar moontlik en kyk waar ge-
leenthede voorkom en bied jou hulp aan. Daar is kinders
wat hierdie hulp só sal waardeer, want sommige se ouers
is te bedrywig om regtig na hulle te luister en antwoorde
te gee op al hulle vrae. Dit is hoekom tieners geklassifiseer
word as "onverstaanbaar". My eie opinie is dat jong mense
deur 'n fase in hul lewens gaan waar die vrae in hul kop nie
ooreenstem met die antwoorde wat hul kry nie. Hul ouers
verstaan nie en dan soek hulle maklik ontvlugting in ander
dinge. Grootouers kan tot hul deurdring, want met grysheid
kom wysheid en daarom kan hierdie jong mense aanklank
vind by senior burgers.

Indien moontlik, moet jong mense hulle tienerjare soveel
moontlik in die geselskap van senior burgers deurbring, ongeag
of dit hulle eie grootouers is of iemand wat naby genoeg is om
net te luister. Senior burgers kan ook as motiveringsprekers
vir jong mense optree deur skole te besoek of selfs te help met
beroepsvoorligting. Daar is soveel kennis wat verlore gaan
omdat dit nie oorgedra word na jonger geslagte nie! Gebruik
geleenthede om hierdie kennis oor te dra aan hierdie jong

mens en sodoende sal hulle dalk van die verkeerde weg af gelei word. Die jong mense hoef nie eens familie te wees nie – dis des te beter en sal hulle meer met vrymoedigheid gesels oor hulle drome, ideale en so meer.

Dit is makliker om 'n jong mens na 'n sielkundige te verwys terwyl daar soveel wonderlike spesialiste op die gebied, met die nodige kennis en ondervinding, is wat in 'n ouetehuis of aftreeoord bly en verlore gaan. Daarom is dit so wonderlik dat die ouderdom insig en wysheid bring wat niemand van ons kan wegneem nie, hoe gering ook al. Stig selfs 'n groep om verskillende dienste saam aan te bied – kort voor lank besef jy die aftreeoord is jou vergaderingsplek en die wêreld daarbuite, jou tuiste. Al het jy nie meer die krag van 'n arend nie, kan jy nog steeds vir die Here tot diens wees. Wanneer die tyd wel vir jou aanbreek om na jou Hemelse Vader te gaan, sal daar 'n nalatenskap agterbly wat voort sal gaan. So bring jy dan herstelwerk, nie net aan jou "vliegtuig" nie, maar jy voorsien ook bystand aan ander, nuwe ontwerpte vliegtuie om die lewenspad te loop. God se doel vir ons was immers eerste om Hom as God te erken en te eer en ons naaste lief te hê soos onsself.

Sprei jou vlerke en vlieg. Mik vir die maan en as jy dit mis sal jy darem 'n ster vang.

# SLOTGEBED

Vader, wees U die Vlieënier in my lewe wat my tot kalmte en rustigheid lei sodat ek deur die storms van die lewe kan gaan en weet U wag by die lughawe vir my, met 'n bordjie met my naam op, want ek behoort aan U. My naam is in die Boek van die Lewe geskryf.